作者简介

  叶明，四川绵阳人，法学博士，西南政法大学经济法学院教授，博士生导师；中国社会科学院法学研究所优秀博士后，美国加州大学圣地亚哥分校访问学者，重庆市哲学社会科学领军人才，重庆市人大立法咨询专家；武汉大学、暨南大学、重庆市地方立法研究院、深圳前海国合法律研究院等单位的研究员；亚洲竞争法协会理事、中国法学会经济法学研究会理事、中国商业法研究会理事、中国银行法学研究会理事、重庆市社会科学专家库成员、重庆咨询业协会理事。主持国家社科基金重大项目1项，国家社科基金一般项目2项，中国博士后科学基金一等资助项目1项，中国博士后科学基金特别资助项目1项，司法部、中国法学会、重庆市社科联等省部级课题20多项；发表学术论文80余篇，出版专著4部，参编教材10多部。主要研究方向为经济法学。

  吴太轩，重庆开州人，法学博士，西南政法大学经济法学院副教授，硕士生导师；美国加州大学圣地亚哥分校访问学者，中国银行法学研究会理事，中国商业法研究会理事，重庆市社会科学专家库成员。主持国家社科基金项目2项，主持完成中国法学会、重庆市社科联、重庆市发改委等省部级项目10多项；在《法学评论》《法学论坛》《经济法论坛》等公开刊物上发表论文50多篇，出版《技术标准化的反垄断法规制》《统筹城乡教育发展法制研究——以重庆市为例》《互联网即时通信工具规制法律问题研究》等专著4本，参编《竞争法学》《经济法学》等教材。专著、论文和咨询报告曾获重庆市哲学社会科学奖、中国法学会青年论坛论文奖、重庆市民盟参政议政先进个人等奖项。曾挂职担任重庆市人民检察院第五分院侦查监督处副处长，西南政法大学经济法学院副院长等职务。主要研究方向为竞争法学。

Southwest University
of Political Science
and Law

西南政法大学

经 济 法 学 系 列

—— 李昌麒 主编 ——

本书为司法部法治建设与法学理论研究部级科研项目
"互联网新型不正当竞争行为司法规制的实证研究"（项目编号14SFB20035)的研究成果。

互联网新型不正当竞争行为
司法规制的实证研究

An Empirical Study on
the Judicial Regulation of New Types of
Unfair Competition in the Internet

叶 明 吴太轩 / 著

厦门大学出版社 国家一级出版社
XIAMEN UNIVERSITY PRESS 全国百佳图书出版单位

· 丛书总序 ·

中国经济法学作为一门新兴的学科,经过广大法律学人的苦苦探索,已经走过了从无到有、从不成熟到逐步成熟的发展历程。现在,经济法作为与行政法、民法、刑法、诉讼法以及社会法等并行不悖的独立的法律部门,已经得到了立法的确认,对此法学界也达成了基本的共识。

20余年来,广大法律学人坚持改革开放路线,紧扣时代脉搏,围绕着经济建设这个中心环节,把经济法理论和实践扎根于我国现实的经济土壤之中,并借鉴其他市场经济国家在法制实践中所形成的共同的法律文化,辛勤耕耘,求实创新,不断开拓进取,使经济法学在我国法学百花丛中蓓蕾初绽,繁花似锦,硕果累累。这极大地促进了我国经济法理论和实践的发展,推动了整个中国法学的繁荣,并为世界法学界所瞩目。但是,经济法作为一门发展中的学科,仍然存在着许多不成熟的地方,还需要广大的法律学人更多地培育,才能使它更好地成长。正是怀着这样一种愿望,西南政法大学经济法学科作为教育部确立的国家级高等学校重点学科点,一方面想为广大经济法理论和实务工作者展示学术研究成果和进行学术交流提供一个平台,另一方面也想为西南政法大学经济法学科建设开辟一个新的学术阵地,为此,我们与厦门

大学出版社共同策划出版《西南政法大学经济法学系列》。

对于怎样编辑这套丛书，我们除了遵循学术性、实践性和开放性的宗旨之外，还有一个重要的思考，就是要使这套丛书能够适应经济法理论界、实务界和教学界等多方面的需要，力求使本丛书以其广泛的适应性以飨读者。因此，本丛书拟由三个部分构成，既包括学术专著，又包括教材和案例。学术专著主要来源于经济法博士论文。考虑到我国现在有七个经济法博士授权点，每年都要产出一批具有一定开拓性、前沿性和创新性的优秀博士论文，如果这些成果尘封在作者的抽屉里，无疑是对知识财产的一种浪费。这套丛书可以为这些博士论文的发表提供一个载体。对于教材，我们是这样思考的：学生知识首先来源于教材，从某种意义上讲教材是构筑学生知识大厦的基石，没有理由不重视它。我们之所以把教材也列为这套丛书的重要组成部分，也正是基于这种考虑。我们认为，教材与科研应该是彼此依赖、相辅相成的，教材的写作过程也应当是进行科学研究的过程。经济法作为一门新兴的法学学科，其教材的编写不能仅仅停留在简单地重复已有的教材内容的基础上，要力图避免编写那些没有任何新意和创见的"拼凑式"的教材。因此，本丛书将按照这个原则选择或者组织出版那些适合本科生和研究生研习的优秀教材。对于案例，我们考虑到：从总体上讲，问世的经济法案例与其他法学学科问世的案例相比，仍然嫌少，以致在教学和实践中，很难找到足够的经济法案例。为此，我们将有意识地采取教师与实际部门人员相结合的办法，将现实生活中存在的大量的、鲜活的、具有典型意义的经济法案例精选成册，其形式既可以是案例评析，也可以是案例教程，以此弥补过去运用案例进行经济法教学之不足。

需要说明的是，本丛书含涉外经济法系列，它将以专集的形式出版；本丛书中各种类型的著述的出版并不完全按照经济法学体系结构的顺序出版，而是成熟一部，出版一部。我们热忱地欢迎全国的经济法学同仁们惠赐佳作，为经济法学的进一步发展和繁荣，携手共进！

李昌麒

2005 年元月于重庆

目　录 CONTENT

第一章
引论

第一节　研究背景

随着信息化浪潮席卷全球,世界主要国家都把互联网作为经济发展、科技创新、社会治理转型的重点,把互联网作为谋求竞争新优势的战略方向。[①] 我国互联网发展也随着信息化浪潮而将发展重心从"广泛"向"深入"转换,目前,各项网络应用已全面渗透到网民生活的每个角落。中国互联网络信息中心发布的第 42 次《中国互联网络发展状况统计报告》显示,截至 2018 年 6 月,中国网民规模达到 8.02 亿人,2018 上半年新增网民数量为 2968 万人,与 2017 年相比增长 3.8%,互联网普及率为 57.7%。[②] 可以毫不夸张地说,中国已成为真正的互联网大国。但是,在我国互联网经济快速发展的同时,也爆发了较多的互联网公司利用互联网技术实施的不正当竞争案件,而这些不正当竞争行为在 1993 年《中华人民共和国反不正当竞争法》(以下简称《反不正当竞争法》)中没有规定。在 2017 年《反不正当竞争法》生效之前,[③]法院在审理互联网新型不正当竞争案件时,主要援引 1993 年《反不正当竞争法》第 2 条,也就是大家普遍认可的一般条款来认定竞争行为是否违法。但是,基于反不正当竞争法一般条款对不正当竞争行为界定的抽象性与模糊性,司法实践中出现了诸如滥用反不正当竞争法一般条款,对一般条款的使用说理不充分,认定互联网公认的商业道德不统一,不正当竞争行为的认定标准不明确等问题。对

---

① 周汉华:《习近平互联网法治思想研究》,载《中国法学》2017 年第 3 期。

② 东方财富网:《2018 上半年中国互联网络发展数据分析》,https://baijiahao.baidu.com/s? id=1609373065764217945,下载时间:2019 年 3 月 6 日。

③ 2017 年《反不正当竞争法》于 2018 年 1 月 1 日生效实施。

于互联网新型不正当竞争案件的审理,经常出现同类案件判决明显不同的现象,严重影响司法判决的权威与公信力。为了杜绝互联网新型不正当竞争案件处理结果差异较大的现象,全国人民代表大会在2017年修订《反不正当竞争法》时,经过反复调研、多方磋商、广泛征求意见,最终在2017年《反不正当竞争法》第12条增加了专门规制互联网新型不正当竞争行为的条文,即所谓的"互联网专条"。虽然《反不正当竞争法》增加"互联网专条"是该法修订的一大亮点,但是,不但该条的相关规定仍然存在疏漏现象,而且随着互联网经济的快速发展,将来必然会出现一些2017年《反不正当竞争法》没有具体规定的新型不正当竞争行为,因此,仍然需要法官发挥主观能动性,行使自由裁量权,通过适用反不正当竞争法一般条款来对互联网新型不正当竞争行为进行规制。由于互联网新型不正当竞争具有高技术特征,而且与互联网领域商业模式创新密切相关,如果法官不熟悉互联网经济的相关知识,可能在处理互联网新型不正当竞争案件时就会存在捉襟见肘的现象。即使法官认真学习互联网知识,广泛听取专家意见,由于互联网商业模式性质的模糊性,对互联网新型不正当竞争案件的处理结果还是容易引起争议。在此背景下,需要对互联网新型不正当竞争案件的司法判决情况进行梳理,掌握司法机关处理互联网新型不正当竞争案件的实际情况及存在的主要问题,对司法机关如何处理互联网新型不正当竞争案件提出一些建议,可以帮助司法机关科学处理互联网新型不正当竞争案件。

第二节　文献综述

目前,学界对互联网新型不正当竞争司法规制的研究集中在如下几方面。

一、互联网市场的竞争特点

我国互联网经济经过二十多年的快速发展,传统不正当竞争行为和新型不正当竞争行为在互联网市场产生交叉融合,充分展现了互联网市场的竞争特点。从其发展历程来看,主要体现在以下五个方面。[①]

---

　　① 彭致强:《互联网新型不正当竞争行为法律规制困境探析》,载《经济法论坛》2016年第2期。

(一)互联网市场的电子数据性、高技术性

当今世界正在经历信息革命,大数据技术的迅猛发展使得海量电子数据资源逐渐进入大众视野,推动互联网产业竞争从桌面互联网(即 PC 端互联网)到移动互联网、再到智能互联网的飞跃发展。[①] 并且,在互联网虚拟性、技术性、超时空性的环境下,[②]高技术性成为互联网企业在商业竞争中抢夺先机的重要手段。例如,进入司法实践的互联网市场竞争案件中,侵权人通过技术手段干扰他人软件运行的技术对抗行为屡见不鲜,[③]其中某些网络服务商以"技术中立"为幌子,隐蔽地打击对方。[④] 而且,以静默卸载、离线卸载、一键处理等技术手段争夺用户群成为常态。[⑤]

(二)互联网市场竞争主体及发生范围的扩大化

就互联网市场主体而言,截至 2018 年年底,全国软件和信息技术服务业主营业务年收入 500 万元以上规模的企业达 3.78 万家。[⑥] 随着智能手机的推广,互联网竞争逐渐向移动端转移。在移动互联网领域,应用程序数量缓步增长。截至 2018 年年底,市场监测到的 APP 数量净增 42 万款,总量达到449 万款;其中我国本土第三方应用商店的 APP 超过 268 万款,苹果商店(中国区)移动应用数约 181 万款。[⑦] 在地域分布范围上,互联网业务主要集中区域居前三位的虽然仍然是广东、上海、北京,且互联网业务收入分别增长

---

① 马长山:《智能互联网时代的法律变革》,载《法学研究》2018 年第 4 期;左卫民:《迈向大数据法律研究》,载《法学研究》2018 年第 4 期。

② 陈耿华:《互联网新型不正当竞争行为法律规制的理念与进路》,载《经济法学评论》2016 年第 1 期。

③ 张钦坤:《中国互联网不正当竞争案件发展实证分析》,载《电子知识产权》2014 年第 10 期。

④ 晁金典、周君丽:《网络不正当竞争法律规制再考量》,载《法律适用》2014 年第 7 期。

⑤ 魏翔:《我国互联网市场竞争现状及监管策略研究》,载《现代电信科技》2016 年第 5 期。

⑥ 运行监测协调局:《2018 年软件和信息技术服务业统计公报》,载中华人民共和国工业和信息化部网站:http://www.miit.gov.cn/n1146312/n1146904/n1648374/c6633883/content.html,下载日期:2019 年 2 月 1 日。

⑦ 运行监测协调局:《2018 年互联网和相关服务业经济运行情况》,载中华人民共和国工业和信息化部网站:http://www.miit.gov.cn/n1146312/n1146904/n1648355/c6633265/content.html,下载日期:2019 年 1 月 31 日。

26.5％、20％和25.2％,①但是,其他地区的互联网经济也在快速发展。此外,伴随着互联网的跨国性和经济全球化的发展,互联网竞争范围从一个国家或地区扩展到全球范围。②

(三)"免费＋增值"盈利模式成为互联网领域的主要商业模式

如今,互联网已经不是单纯的信息媒介,而是互联网市场主体开展竞争的新平台、新空间。③ 在免费产品基础上开展增值业务,即互联网服务商通过提供免费的新闻信息、即时通讯、搜索引擎等服务,实现有偿的企业市场营销、广告推送等增值业务。④ 其实,互联网自入驻我国伊始,几乎都是采用免费的商业模式,QQ、电子邮箱以及各类电脑软件免费供公众使用,"免费经济"相当于互联网的代名词。正是这种免费模式,才使得互联网有了强大的用户群基础,⑤互联网企业也通过吸引用户的关注而被称为"注意力经济"。

(四)互联网市场格局的高度集中

随着互联网经济的蓬勃发展,我国互联网产业主导力量不断发生转变,市场竞争主战场从软件、PC端入口之争转移到移动互联网、生态和资本竞争。⑥在规模经济与网络效应的双重作用下,互联网行业分布格局趋向集中化,同时出现了很多寡头垄断企业。例如,搜索引擎行业的百度、即时通信行业的腾讯以及电子商务行业的阿里巴巴等,在各个市场份额占比均超过半数;在移动互

---

① 运行监测协调局:《2018 年互联网和相关服务业经济运行情况》,载中华人民共和国工业和信息化部网站: http://www. miit. gov. cn/n1146312/n1146904/n1648355/c6633265/content.html,下载日期:2019 年 1 月 31 日。

② 彭致强:《互联网新型不正当竞争行为法律规制困境探析》,载《经济法论坛》2016年第 2 期。

③ 蒋岩波:《互联网产业中相市场界定的用法困境与出路——基于双边市场条件》,载《法学家》2012 年第 6 期。

④ 张今:《互联网新型不正当竞争行为的类型及认定》,载《北京政法职业学院学报》2014 年第 2 期。

⑤ 黄武双:《网络技术创新、用户权益维护与不正当竞争的边界》,载《中国工商报》2014 年 5 月 6 日,第 3 版。

⑥ 魏翔:《我国互联网市场竞争现状及监管策略研究》,载《现代电信科技》2016 年第5 期。

联网市场,智能操作系统领域苹果 IOS 与谷歌 Android 已然是平分天下。①

(五)互联网市场业务的交叉跨界

互联网的快速发展促使互联网市场交易实现了时间上的无缝连接及空间上的无限扩展;②"眼球经济"即"注意力经济"进一步加剧了互联网市场竞争的激烈程度。③ 当前,互联网市场竞争打破了单一的经营领域,走向各行各业的多样化局面:从单一领域向跨界融合转变,从单一应用向聚合多类应用平台转变,从以页面、客户端等为单纯载体的竞争向以页面、客户端、APP 等为混合载体的竞争转变,实现了市场业务的交叉跨界。④

二、互联网新型不正当竞争行为的司法规制困境

随着互联网市场的扩张,我国现阶段互联网新型不正当竞争行为在司法中问题丛生,法律规制严重滞后于互联网经济发展的需要。⑤ 具言之,互联网新型不正当竞争行为的司法规制主要存在以下困境:

(一)缺少对互联网新型不正当竞争行为的统一判定标准

认定互联网新型不正当竞争主要有两种路径:第一种是围绕《反不正当竞争法》第 2 条,从"损害—违背诚实信用原则—公认的商业道德"三级分析框架

---

① 张今:《互联网新型不正当竞争行为的类型及认定》,载《北京政法职业学院学报》2014 年第 2 期;刘征驰、赖明勇:《云服务环境下的互联网市场结构变迁》,载《系统工程理论与实践》2017 年第 8 期。

② [美]爱德华·迪克:《电子商务与网络经济学》,杨青、郑宪强译,东北财经大学出版社 2006 年版,第 4 页。

③ 邢敏婕:《互联网领域新型不正当竞争行为的法律规制研究》,华东政法大学 2017 年硕士学位论文,第 25 页。

④ 朱乾龙:《我国互联网市场竞争现状与问题分析》,载中华人民共和国工业和信息化部网站,http://www.miit.gov.cn/n11293472/n11293832/n15214847/n15218234/15475341.html,下载日期:2015 年 9 月 21 日;李志刚:《互联网新型不正当竞争行为的法律规制研究》,中国政法大学 2016 年硕士学位论文,第 18 页。

⑤ 彭致强:《互联网新型不正当竞争行为法律规制困境探析》,载《经济法论坛》2016 年第 2 期。

展开的"法条中心主义"。① 有学者对此提出质疑,认为损害不能成为竞争行为正当性评判的倾向性标准,②更多的学者则是具体讨论了"诚实信用原则"和"商业道德"等伦理标准合理性的问题。③ 第二种是法官依据互联网经济的新特点,自己创设评判标准适用于审判的"事理中心主义",比如石必胜法官提出的"非公益必要不干扰"原则。对此,支持者认为需要结合《反不正当竞争法》第 2 条,并利用"恶意"条件明确"非公益必要不干扰"原则中的"公益"内涵,以进一步完善"非公益必要不干扰"原则。④ 反对者则认为,"非公益必要不干扰"原则不符合法益保护要求,其有限的适用范围减弱了对互联网市场的创新激励作用。⑤

(二)对互联网新型不正当竞争行为的"竞争关系"无统一界定模式和标准

在传统商业竞争中,学者们对于"竞争关系"是否应该成为《反不正当竞争法》适用的先要条件各有说辞。⑥ 司法实践中的"竞争关系",根据反不正当竞

---

① 陈耿华:《互联网新型不正当竞争行为法律规制的理念与进路》,载《经济法学评论》2016 年第 1 期;王红霞、尹玉涵:《互联网新型不正当竞争行为的司法认定——兼论新修〈反不正当竞争法〉的适用》,载《电子知识产权》2018 年第 11 期。

② 周樨平:《竞争法视野中互联网不当干扰行为的判断标准——兼评"非公益必要不干扰原则"》,载《法学》2015 年第 5 期;孔祥俊:《论反不正当竞争的基本范式》,载《法学家》2018 年第 1 期;孔祥俊:《〈民法总则〉新视域下的反不正当竞争法》,载《比较法研究》2018 年第 3 期。

③ 张钦坤:《反不正当竞争法一般条款适用的逻辑分析——以新型互联网不正当竞争案件为例》,载《知识产权》2015 年第 3 期;吴太轩、史欣媛:《互联网新型不正当竞争案件审理中商业道德的认定规则研究》,载《天津财经大学学报》2016 年第 1 期;叶明、陈耿华:《反不正当竞争法视野下商业道德认定的困局及破解》,载《西南政法大学学报》2017 年第 5 期;孔祥俊:《论反不正当竞争法的竞争法取向》,载《法学评论》2017 年第 5 期。

④ 陶鑫良:《非公益必要不干扰原则与反不正当竞争法一般条款适用》,载《电子知识产权》2015 年第 3 期;吴太轩、史欣媛:《互联网新型不正当竞争案件审理中商业道德的认定规则研究》,载《天津财经大学学报》2016 年第 1 期。

⑤ 孔祥俊:《论反不正当竞争法的新定位》,载《中外法学》2017 年第 3 期;宋亚辉:《网络干扰行为的竞争法规制——"非公益必要不干扰原则"的检讨与修正》,载《法商研究》2017 年第 4 期;李扬:《互联网领域新型不正当竞争行为类型化之困境及其法律适用》,载《知识产权》2017 年第 9 期。

⑥ 谢晓尧:《在经验与制度之间:不正当竞争司法案例类型化研究》,法律出版社2010 年版,第 2 页。

争法所保护的对象①及其他因素划分为狭义说和广义说。但多数学者则认为对"竞争关系"严格或狭义的解释无法达成制止不正当竞争的目的,②竞争关系的"从宽认定原则"和"比例适用原则"更符合要求。③ 研究发现,对于竞争关系的界定,分为直接(同业)竞争关系、间接竞争关系以及回避竞争关系界定的三种不同的模式。④ 具体而言,司法实践中通过产品用户群、竞争利益、经营范围等标准来界定"竞争关系",从而对互联网新型不正当竞争行为进行认定,对竞争关系的认定并无统一的标准。⑤

(三)司法管辖不明确

互联网的虚拟性、广泛性和动态性,导致互联网新型不正当竞争纠纷案件在某些关键管辖连接点上无法通过既有制度来进行确认。⑥ 因此,互联网新型不正当竞争案件面临着司法管辖难以确定的问题,究其原因,则是多方面的:有学者认为不正当竞争案件的侵权者与侵权行为实施地之间缺少稳定准确的联系,而且涉及多方行为主体及相对人,难以确定损害范围和行为地点,从而引起诉讼管辖争议;⑦也有学者研究发现,互联网信息技术指令的操作使得互联网新型不正当竞争行为的实施地以及结果发生地难以通过传统规则来认定;⑧有学者指出,由于侵权行为人的身份、住所和计算机终端设备所在地以及不正当竞争行为涉及的网络服务器等参考要素的不确定性,使得被告住

---

① 郑友德、杨国云:《现代反不正当竞争法中"竞争关系"之界定》,载《法商研究》2002年第6期。

② 孔祥俊:《论反不正当竞争法中的竞争关系》,载《工商行政管理》1999年第12期。

③ 沈冲:《网络环境下的竞争关系与商业诋毁行为的认定》,载《电子知识产权》2011年第11期。

④ 王永强:《网络商业环境中竞争关系的司法界定——基于网络不正当竞争案件的考察》,载《法学》2013年第11期。

⑤ 吴太轩:《互联网新型不正当竞争案件中的竞争关系认定研究》,载《经济法论坛》2017年第2期。

⑥ 于海防:《涉网络案件民事诉讼地域管辖问题的一般性研究——以法律事实发生地的空间定位为基础》,载《西北政法大学学报》2010年第5期。

⑦ 王德全:《试论Internet案件的司法管辖权》,载《中外法学》1998年第2期。

⑧ 韦燕:《"最低限度联系"与网络管辖权——美国有关网络管辖权的判例及其发展》,载《河北法学》2001年第1期。

所地管辖原则的适用受到阻碍。①

(四)涉案电子证据取证难度大,网络证据保全公证机制存在缺陷

学者们指出,互联网电子证据的动态性、大容量性、无形性和表现形式多样性等特点使得较多证据的获取难度增加,由于没有统一的确定标准,而采用事后追踪或恢复网络浏览等方式又导致电子证据缺少及时性。② 在证据保全公证方面,面临着由于互联网的无边界性导致的超出或滥用公证权限的管辖分配问题、公证机构保全出证耗时过长而无法保障电子证据证明时效性的问题、公证处工作人员粗化记载的草率问题、非纸质公证文书不符合法律规定等证据保全公证机制问题,都使得电子证据的证明效力难以在司法实践中得到认可。③

(五)诉前禁令的适用存在困境

被广泛应用于知识产权中的诉前禁令在互联网新型不正当竞争的适用上不尽如人意。一方面,当事人申请诉前禁令需要提供担保、证据以及通过审查等程序,这对分秒侵害都会无限扩大蔓延用户群和流量等利益耗损的互联网经营者来说,无疑得不到有效救济。④ 另一方面,法官依照目前的法律作出诉前禁令往往要审查侵权的可能性、难以弥补的损害、担保情况、是否损害公共利益等几项内容,一般情况下,存在因审查时间过长而达不到止损效果的问题。⑤ 对于诉前禁令的适用,目前并没有完整的衡量标准,较多地依赖于法官

---

① 杨介寿:《论网络侵权案件的地域管辖——兼论最高人民法院两个司法解释的不足》,http://www.lawtime.cn/article/lll439064444158oo1796,下载时间:2019 年 3 月 20 日。

② 谢波、苏毅:《网络取证的困境与出路》,载《网络法律评论》2008 年第 9 期;乔治:《"互联网+"背景下电子取证研究》,载《法制与经济》2018 年第 4 期。

③ 凌崧、凌宗亮:《网络证据保全公证的现实困境与完善建议——以上海市黄浦区人民法院的知识产权审判实践为样本》,载《重庆邮电大学学报》2012 年第 3 期;郭倩云:《论保全证据公证研究》,载《法制与社会》2017 年第 5 期;米立琴:《保全互联网电子证据公证法律问题研究》,载《中国公证》2017 年第 6 期。

④ 郭寿康、马宁:《论互联网不正当竞争案件中诉前禁令的适用》,载《中国知识产权报》2013 年 4 月 17 日,第 11 版。

⑤ 周晓冰:《北京市法院首例诉前禁令案评析——兼议诉前禁令的审查标准》,载《科技与法律》2008 年第 2 期;吴太轩、王思思:《互联网新型不正当竞争案件诉前禁令制度的适用研究——以 162 份司法文书为视角》,载《竞争政策研究》2017 年第 4 期。

的自由心证,这就导致诉前禁令适用的随意性,同时也削弱了司法裁判的权威公信力。①

三、互联网新型不正当竞争的司法规制对策

面对互联网新型不正当竞争的司法规制困境,通过研究相关实践案例和文献资料,学者们提出不同的应对策略,主要对策如下:

(一)进一步明确互联网新型不正当竞争行为的综合认定标准

研究发现,基于反不正当竞争法的固有属性,不正当竞争行为的认定主要取决于具体的利益衡量。② 因此,有学者提出采用经营者利益、消费者利益、竞争秩序三位一体的利益观,并确立"扰乱竞争秩序"作为互联网新型不正当竞争行为认定的核心要素及其"原则、法律、商业道德"三阶观察体系。③ 同时,在具体个案中,考虑技术本身、商业模式、竞争秩序、自律规范以及消费者利益等综合因素。④ 除此之外,有学者认为,商业道德标准对于认定互联网新型不正当竞争而言不具有根本性,还应坚持以市场效果为标准,即考虑行为具有阻碍对手参与市场竞争、限制对手的竞争能力、阻碍消费者选择权等而进行认定。⑤

(二)采用广义的竞争关系内涵,把握认定互联网新型不正当竞争行为的边界

广义的竞争关系认定标准原则上仍以经营者为前提,结合立法的目的将行为主体扩大为不限于同业竞争者,即只要利用不正当方式获取用户或利用、阻碍、破坏他人的竞争优势,则可以认为两者具有广义上的竞争关系。⑥ 具体而言,无论采用何种模式,司法实践中判断互联网新型不正当竞争行为主体是

---

① 吴太轩、王思思:《互联网新型不正当竞争案件诉前禁令制度的适用研究——以162份司法文书为视角》,载《竞争政策研究》2017年第4期。

② 孔祥俊:《论反不正当竞争的基本范式》,载《法学家》2018年第1期。

③ 王红霞、尹玉涵:《互联网新型不正当竞争行为的司法认定——兼论新修〈反不正当竞争法〉的适用》,载《电子知识产权》2018年第11期。

④ 谢兰芳、黄细江:《互联网不正当竞争行为的认定理念》,载《知识产权》2018年第5期。

⑤ 彭致强:《互联网新型不正当竞争行为法律规制困境探析》,载《经济法论坛》2016年第2期。

⑥ 叶明、陈耿华:《互联网不正当竞争案件中竞争关系认定的困境与进路》,载《西南政法大学学报》2015年第2期。

否存在竞争关系时,应考虑互联网的特殊性,以经营范围、实际经营行为、竞争利益、产品用户群等为标准,制定统一规则进行认定,同时要求广义的竞争关系要根据具体案件分析,而非无限扩大。[1]

(三)结合互联网新型不正当竞争案件的特性灵活确定管辖法院

虽然大量学者认为管辖以原告住所地作为互联网新型不正当竞争案件管辖权的链接点,可以减少原、被告损失,而且具有诉讼的便捷性,[2]但是这些建议依旧未能完全解决被告提出管辖权异议的问题。对此,有学者主张考虑多方条件确定互联网新型不正当竞争案件的管辖法院,比如通过平衡互联网新型不正当竞争案件原被告的诉讼成本,来规制恶意管辖权异议。[3] 在规制互联网新型不正当竞争案件的管辖权异议时,可以结合诚实信用原则、管辖权异议受损的赔偿制度,[4]尤其是低成本的管辖权异议,可以通过对败诉方科以罚金并承担费用的形式来限制管辖权异议的比例。[5] 除此之外,有学者建议应当发展包括解释地域管辖法律和认定地域管辖事实在内的司法技术来解决地域管辖适用困境。[6]

(四)设置规范的互联网电子证据采集及保全规则

考虑涉及互联网新型不正当竞争证据的不稳定性,有学者建议采取动态取证的方式,主动将证据采集技术融入安全软件的木马检测工具及相关网络电子设备内部系统中,以便保存电子数据,保证证据的时效性。[7] 在电子证据的保全公证方面,有学者提出建立一套不同于传统证据的规则,即以网络公证为中心的证据保全操作体系。例如,由合格的公证员作为主体,建立安全的操

---

[1]　吴太轩:《互联网新型不正当竞争案件中的竞争关系认定研究》,载《经济法论坛》2017年第2期。

[2]　丛立先、张潇潇:《网络知识产权侵权案件的地域管辖》,载《东北大学学报(社会科学版)》2011年第9期。

[3]　叶明、潘婧懿:《互联网不正当竞争案件民事诉讼中管辖权异议问题研究——以72个裁定书为样本》,载《竞争政策研究》2017年第5期。

[4]　包冰峰:《民事诉讼中诚实信用原则适用之客体范围探究》,载《现代法学》2009年第6期。

[5]　张弘、于洋:《从防治诉权滥用角度来完善管辖权异议制度》,载《西南科技大学学报(哲学社会科学版)》2013年第1期。

[6]　郭翔:《涉网案件地域管辖规则修改问题刍议》,载《法学家》2011年第5期。

[7]　谢波、苏毅:《网络取证的困境与出路》,载《网络法律评论》2008年第9期。

作环境,坚持一定的操作原则、细则和步骤,对互联网新型不正当竞争的电子交易数据等文件提供认证和证据保全。① 在引入网络公证机制时,可以建立第三方电子证据公证服务机构以保证公正性。②

(五)规范诉前禁令的适用

对此,有学者在实证研究的基础上指出,要明确侵权可能性、难以弥补的损害、社会公共利益等为实质要件,以及设立听证制度引入实质辩论、完善合理确定担保数额、保障复议等救济的程序要件。③ 同时,还应把握好诉前禁令的尺度问题,例如针对恶意拦截他人软件,或以不实描述欺骗、误导用户使用或不使用他人软件等互联网新型不正当竞争行为,为了避免对行业竞争秩序的损害,可以适当提高诉前禁令的审查通过率,即使诉前禁令申请错误,亦可没收申请人担保金以担责。④ 除此之外,可以借鉴美国经验健全执行制度,通过多方联合加强对被执行行为的监管、优化送达方式等来健全执行制度。

总之,针对互联网新型不正当竞争行为的司法规制问题的研究众多,学者在结合互联网市场竞争特点的情况下,提出了相应的对策建议。但是,这些对策还需司法实践进行一步步检验并不断完善,切实解决相关问题,任重而道远。

第三节　研究思路、方法和主要创新之处

一、研究思路

本书主要按照"现状考察→制度反思→制度创新"的基本思路,首先通过

---

① 杨玲:《论电子数据的公证保全——以网络证据的公证保全为中心》,载《江苏大学学报(社会科学版)》2013年第3期。

② 郝智琦:《"互联网＋"下的网络证据保全公证问题及解决方案分析》,载《法制博览》2019年第6期。

③ 吴太轩、王思思:《互联网新型不正当竞争案件诉前禁令制度的适用研究——以162份司法文书为视角》,载《竞争政策研究》2017年第4期。

④ 郭寿康、马宁:《论互联网不正当竞争案件中诉前禁令的适用》,载《中国知识产权报》2013年4月17日,第011版。

对 1999 年 1 月至 2019 年 3 月几千份涉及互联网不正当竞争案件的法院判决的归纳,提炼研究样本,梳理互联网领域商业竞争的特殊性,提出互联网经济对传统反不正当竞争法的挑战;然后,按照法院规制不正当竞争行为的通常做法,调研互联网新型不正当竞争行为违法性的判定、互联网企业不正当竞争行为证据收集、案件管辖、法律责任的追究等领域存在的问题,并在以上调研成果的基础上,对我国反不正当竞争立法的完善、司法制度的改革提出若干建议。如此思路安排,不仅符合"提出问题—分析问题—解决问题"的逻辑原理,与司法机关处理不正当竞争案件的步骤相吻合,也符合学界探讨不正当竞争行为法律规制的一般路径。

二、研究方法

本书拟主要采取以下方法对互联网新型不正当竞争行为的司法规制进行研究:

(一)社会调查法

通过实地调研与问卷调查相结合的方式,采用目前管理学界、经济学界比较流行的 SPSS 分析软件,对互联网领域商业竞争行为及其司法规制进行定性和定量分析,以使调研结论具有客观性与科学性。

(二)制度分析法

制度分析法不仅是制度经济学的重要研究方法,也是法学等其他学科的重要研究方法。本书试图借鉴这一研究方法,对 1993 年《反不正当竞争法》和 2017 年《反不正当竞争法》的相关法条及立法背景进行剖析,对互联网新型不正当竞争行为规制存在问题的制度原因和制度对策进行探析。

(三)文献研究法

文献研究是指根据一定的目的,通过搜集和分析文献资料而进行的研究。文献研究是史学、哲学、社会学和法学最常使用的研究方法。本书在考证互联网领域商业竞争行为的特点,分析互联网经济对反不正当竞争法的挑战及对策时,必然要参考借鉴大量的相关文献资料,以对自己的研究提供理论支持和素材支撑。

(四)比较研究法

由于美国、欧盟的互联网经济发展较早,其竞争法律制度相对比较成熟,在规制互联网领域商业竞争行为方面已经积累了较多经验。因此,本书拟比较借鉴这些国家和地区的一些经验,对我国互联网新型不正当竞争行为的司法规制提供参考。

(五)案例分析法

本书在调研互联网新型不正当竞争行为的表现与特点、违法性判定与法律责任追究时,均离不开对国内外相关案例的具体分析,通过对这些案例的分析,提炼出互联网新型不正当竞争行为的法律规制困境及对策建议。

三、主要创新之处

相比于市场混淆、虚假宣传、商业贿赂、不当有奖销售等传统的不正当竞争行为,互联网新型不正当竞争案件出现的历史较短,世界各国对该问题均缺乏系统、深入的研究,尚未形成一套成熟、科学的理论体系。我国互联网新型不正当竞争案件的出现时间较晚,学界对该问题的研究也不够成熟。因此,本书的创新之处主要体现在研究方法的创新,除了采用传统法学研究经常采用的案例分析法、比较研究法、逻辑推理法、文献检索法外,还采用经济学和社会学最近比较流行的统计分析工具(SPSS分析软件)对互联网新型不正当竞争案件判决书进行定量分析,使调研结论更具科学性与准确性。

第二章
互联网新型不正当竞争基本概念的解读

欲科学揭示互联网新型不正当竞争行为的规制现状,提出科学规制互联网新型不正当竞争行为的建议,有必要了解互联网新型不正当竞争行为的定义以及互联网行业的市场特征与竞争特征。

第一节　互联网新型不正当竞争行为的含义

按照界定概念的一般做法,在界定互联网新型不正当竞争行为时,需要对"互联网""新型""不正当竞争"三个关键词进行解析。

首先,根据《反不正当竞争法》的规定,"不正当竞争"指经营者在市场活动中为谋求交易机会、攫取竞争优势而进行的违反诚实信用原则与商业道德,扰乱市场竞争秩序,损害其他经营者或者消费者的合法权益的违法行为。

其次,"互联网"指的是这类不正当竞争发生在互联网经济领域,而不是发生在传统经济领域。

最后,"新型"指的是这类不正当竞争必须依托互联网技术而实施,离开了互联网技术,这类不正当竞争就无法实施。此类不正当竞争无法依照1993年《反不正当竞争法》的类型化条款进行处理。在2017年《反不正当竞争法》生效之前,这类不正当竞争行为只能依照反不正当竞争法一般条款进行处理。在2017年《反不正当竞争法》生效之后,这类不正当竞争主要依照该法第12条来处理。[①] 这就将发生在互联网领域的传统不正当竞争行为排除在外。比

---

① 当然,基于《反不正当竞争法》立法与互联网经济发展必然存在张力,《反不正当竞争法》不可能对互联网新型不正当竞争行为作出穷尽规定,因此,将来法官仍有可能根据反不正当竞争法一般条款来处理互联网新型不正当竞争行为。

如,发生在互联网领域的虚假宣传、不正当有奖销售、商业诽谤、擅自使用或披露他人商业秘密等。这些行为虽然发生在互联网领域,但是基本上不需要利用专门的互联网技术,任何能在网上发布信息的主体均可实施,而且这些行为可以根据 1993 年《反不正当竞争法》的类型化条款予以规制,因此,这些行为仍然属于传统不正当竞争行为,而不能称为互联网新型不正当竞争行为。

综上,互联网新型不正当竞争行为是指经营者利用互联网技术实施的,由 2017 年《反不正当竞争法》第 12 条和第 2 条进行规制的不正当竞争行为。互联网新型不正当竞争并不等同于互联网不正当竞争,其范围比互联网不正当竞争要窄,而互联网不正当竞争包括互联网新型不正当竞争和发生在互联网领域的传统不正当竞争。[①]

第二节 互联网行业的市场特性

与传统行业相比,互联网市场具有一定的特殊性,主要表现为网络外部性、双边市场特性、用户锁定效应以及经营模式的特殊性等。

一、网络外部性

互联网行业的一个显著特征就是具有网络外部性。网络外部性又称作"网络效应"或"网络的规模经济",它是外部性的一种。所谓外部性,是指一种经济力量对另一种经济力量的"非市场性"的附带影响,[②]如果这种影响增加了其他主体的收益,就称之为正的外部性;反之,若造成了其他主体的损失,就称之为负的外部性。[③] 相比于其他行业的外部性而言,互联网行业的外部性(网络外部性)主要表现为积极(正)的外部性,即某种互联网产品对用户的价值随着使用相同产品或可兼容产品的用户数量的增加而增大,它意味着当一个消费者从对互联网产品的消费中获得利益时,不仅依赖其消费的数量,还依

---

① 江帆:《竞争法》,法律出版社 2019 年版,第 191 页。
② 李昌麒:《经济法学》,法律出版社 2008 年版,第 36 页。
③ 吴洒宗、蒋海华:《对网络外部性的经济学分析》,载《同济大学学报(社科版)》2002 年第 6 期。

赖于该产品有多少消费者。① 换言之,使用某种互联网产品的人数越多,将会给使用该产品的用户带来更多的利益。网络外部性不仅主要表现为正外部性,还可分为直接网络外部性和间接网络外部性。所谓直接网络外部性,是指互联网用户消费某种网络产品的价值会随着消费与该产品相兼容产品的其他用户数量的增加而增加。② 例如在互联网即时通信市场,消费者使用即时通信软件会对其他使用即时通信软件的消费者产生直接影响,因此,使用某款即时通信软件的消费者人数越多,其价值也越大。所谓间接网络外部性,是指互联网用户消费某种网络产品的价值随着与该产品相兼容的互补性产品种类的增加而增加。③ 例如搜索引擎市场,搜索引擎用户使用某种搜索引擎,并不直接对其他搜索引擎用户产生影响,而是间接地对在线广告商产生影响。由于互联网行业存在网络外部性,它意味着"单位产品的价值随着该产品的预期销售数量的增加而增加"。④ 换言之,使用某种产品的用户数量越多、规模越大,单个用户获得的服务就越好、使用该产品的体验就越好,整个网络的价值也就越高、影响也就越大。用美国著名学者波斯纳的话来表示,就是"企业的产出越大,在达到某一个临界点之后,该产品对其顾客的价值就越大"。⑤

网络外部性使得一种互联网产品或者服务带给每个用户的价值大小,不但取决于该产品或者服务自身的功能、用途和质量,而且取决于该产品的用户规模大小和产品、服务的兼容情况。规模大的互联网企业更容易吸引更多的用户,久而久之形成正反馈机制。⑥ 这种正反馈机制会使得网络产品或服务的提供者强者更强、弱者更弱,也就使得强大的网络日益发达,弱小的网络日益衰微,从而使互联网行业呈现泛垄断形态。市场均衡、马太效应的通常最终

---

① 李剑:《MSN 搭售和单一产品问题》,载张平主编:《网络法律评论》,法律出版社 2004 年版,第 160 页。

② Katz,Michael,Carl Shapiro,Network Externalities,Competition and Compatibility,*American Economic Review*,1985(2),pp.424~440.

③ 陈宏民、胥莉:《双边市场——企业竞争环境的新视角》,上海人民出版社 2007 年版,第 14 页。

④ Nicholas,The Economics of Networks,*International Journal of Industrial Organization*,1996,14(6):pp.673~699.

⑤ [美]理查德·A.波斯纳:《反托拉斯法》,孙秋宁译,中国政法大学出版社 2003 年版,第 292 页。

⑥ 黄礼彬:《从"3Q 案"判决看网络经济中滥用市场支配地位的法律问题》,载《湖北函授大学学报》2014 年第 6 期。

结果是在互联网行业,往往那些具有绝对优势地位的企业才能生存。[①]

二、双边市场特性

对于什么是双边市场,现在学界存有不同的认识。有代表性的观点是
Mark Armstrong 对双边市场的分析。在 Mark Armstrong 看来,双边市场是
指平台两边的用户需要凭借中间平台企业(Platform Enterprises)进行交易,
一边子市场上用户的收益取决于另一边子市场上用户的数量。[②] 双边市场具
有以下特征:存在 A、B 两个或者两个以上相互区分的用户群;存在因为用户
群 A、B 互相联系和基于一定方式合作而产生的外部性,即交叉网络外部性;
存在将 A 用户群为 B 用户群创造的外部性内部化的媒介(平台)。[③] 由于双
边市场与平台密切相关,在一些文献中,二者甚至在概念上被混用。在双边市
场的条件下,当平台企业向双边子市场用户收取的费用总水平保持不变时,在
一边子市场产品价格的任何变化均会影响另一边子市场的需求情况和参与程
度,并将最终影响平台企业的交易总量。[④]

在免费产品盛行的营销模式的影响下,互联网行业的经营活动具有明显
的双边市场特征,意味着一个互联网平台往往具有三方甚至多方参与者。互
联网平台企业往往在一边子市场上采取免费提供产品或服务的策略获得基础
用户的选择与支持,从而形成自己的用户规模和网络人气,而在另一边子市场
上收取一定费用来获得利润。因此,双边市场特征使得互联网行业的定价策
略不同于传统的单边市场。在单边市场中,由于经营者面对的是单一的用户
群体,因此,经营者在定价时仅需考虑此单一用户群体的市场需求,不必考虑
其他市场主体的需求,而且产品产生的外部性在单边市场中可以在用户群体

---

① 仲春:《互联网行业反垄断执法中相关市场界定》,载《法律科学》2012 年第 4 期。

② Mark Armstrong,*Competition in Two-sided Markets*,London:Mimeo University
College,2005,pp.1～32.

③ See David S. Evans, The Antitrust Economics of Multi-sided Platform Market,
20 Yale Journal on Regulation,2003,pp.325～381;Roberto Roson,*Two-sided Market*;*A
Tentative Survey*,4 Review Network Econ.,2005,p.142.

④ See Rochet J. & Tirole J.,Two-sided Markets:A Progress Report,*The RAND
Journal of Economics*,2006,(3),p.37.

内部进行内部化。① 然而在双边市场条件下,企业提供的产品和服务面向不同群体,因此,需要考虑平台两边用户的不同需求,两边子市场的交叉网络外部性并不会被两边用户内部化。所以,互联网企业在制定产品的价格时,需要考虑平台两边用户的需求价格弹性。② 互联网企业一般会对需求价格弹性较大的一方采取低价甚至是免费的策略,以吸引其选择或加入平台。与此同时,一般会对需求价格弹性比较小的一边采取较高的定价以获得利润。③ 以搜索引擎为例,搜索引擎市场两边分别是网络广告商以及搜索引擎用户,这两者相比较而言,搜索引擎用户的需求价格弹性更高,即对价格的变化更为敏感。由于目前的互联网产品大多都是免费提供,若搜索引擎经营者对搜索引擎用户收取费用,用户将大量流失。为了吸引用户使用自己的搜索引擎服务,目前的搜索引擎经营者采取对搜索引擎用户免费的定价策略。由于平台另一边的网络广告销售商的需求价格弹性较小,对价格的微小变化并不十分敏感,其主要考虑的是该搜索引擎用户的数量多少,用户越多,其网络广告的效果就越为明显,所以搜索引擎经营者在网络广告销售商这边市场采取较高定价的策略。

三、用户锁定效应

用户锁定效应,是指用户在使用产品或者接受服务的过程中,基于更换产品带来的各方面成本考虑,而不愿意转换使用其他经营者提供的相类似产品的情况。用户锁定效应主要表现为对最初选择路径的一种依赖。④ 用户初次选择某产品后,向该产品中投入了一定的时间、金钱或者精力。经过一段时间的使用后,对该产品产生了一定的感性及理性认识,也就是对该产品形成了一些经验。如果用户必须要尝试一种产品才能对它进行评价,这种产品就成为

---

① Rochet J.and J.Tirole,*Two-sided Markets:an Overview*,IDEI,University de Toulouse,2004.

② 需求价格弹性(Price elasticity of demand),简称为价格弹性或需求弹性,是指需求量对价格变动的反应程度,是需求量变化的百分比除以价格变化的百分比。需求量变化率对商品自身价格变化率反应程度的一种度量,等于需求变化率除以价格变化率。需求量变化的百分比除以价格变化的百分比。

③ 岳中刚:《双边市场的定价策略及反垄断问题研究》,载《财经问题研究》2006 年第 8 期。

④ Keith Poole,*Entrepreneurs and Path Dependence*,http://voteview.com/entrepd.htm,下载日期:2016 年 7 月 28 日。

经验产品。[①] 由于产品间的差异性,用户若要在不同产品间进行转换选择,则需要额外付出时间、金钱或精力。这也是为何市场中某种产品具有市场主导地位,但其产品并非性能最优,即使市场上出现了性能更优、技术更加先进的产品,往往也很难代替较早进入市场的产品。[②]

用户锁定效应普遍存在于传统经济以及互联网行业,但是相比较而言,由于互联网产品大多数是经验产品,所以其用户锁定效应要远远大于传统行业。互联网产品作为信息产品,用户在最初选择时往往对其一无所知。经过一段时间的使用,用户逐渐掌握了该产品的使用方法和相关特性。虽然互联网产品具有容易复制、准入门槛较低等特性,但是,互联网用户若弃用原先一直使用的产品转而使用其他与其功能相类似的产品,会产生较大的转移成本。比如学习如何使用、操作新产品,购买新的设备等。用户锁定效应导致互联网用户即使知道存在其他更优产品或技术,也不愿意转移使用更优产品或技术。因为对互联网用户而言,性能最优的技术在此时的价值远小于那些性能次优的技术,除非这些最优技术带给用户的价值远大于所支付的转移成本时,用户才会转向使用最优产品或者新技术。以腾讯 QQ 和微信为例,腾讯 QQ 和微信的用户若想改用其他即时通信软件,则可能会增加一些学习成本或者会损失人脉成本。正是由于腾讯 QQ、微信对其用户具有较强的锁定效应,造成 QQ 和微信用户一般不会轻易地放弃 QQ 和微信而改用其他即时通信软件。

此外,互联网产品普遍存在着兼容性问题以及技术标准差异,产品之间并不必然能相互兼容,这也会导致用户锁定效应。例如,iPhone 手机使用的 IOS 系统,其拒绝用户使用除 IOS 系统平台提供的软件以外其他来源的软件,换言之,其他来源的软件与 IOS 系统不兼容。此时,iPhone 用户就被锁定使用 IOS 平台提供的软件。

四、经营模式的独特性

互联网经济的迅速发展,对传统经济的经营模式造成了较大程度的冲击。在传统经济中,由于资源的稀缺性,经营者之间的竞争在实质上也就是资源的竞争,限制经济发展的因素主要是资源的短缺。但是,由于互联网产品主要是信息产品,信息产品具有易复制性以及虚拟性,其产品资源是源源不断的。在

---

① 李剑:《搭售的经济效果与法律规制》,中国检察出版社 2007 年版,第 70 页。
② 王传辉:《反垄断的经济学分析》,中国人民大学出版社 2004 年版,第 211 页。

网络条件下,信息的获取途径较多且获取较为方便快捷。因此,在互联网行业,信息并不是稀缺资源,甚至会因数量过多而导致信息泛滥。互联网行业信息的过剩也导致了在互联网经济中稀缺的不是信息,而是用户对信息的关注,也就是用户的注意力,故互联网经济也被称为"注意力经济"。著名的诺贝尔经济学奖获得者赫伯特·西蒙在对当今经济发展趋势进行预测时,曾经指出:"随着信息产业的发展,有价值的主要不是信息,而是注意力。"这使得互联网经济的经营模式异于传统经济,即互联网企业不是争取如何获得信息,而是争取如何使自己提供的信息能为互联网用户所关注。由于用户的注意力是有限的,面对互联网市场铺天盖地的信息,用户很难注意到每一条信息。如何引起用户的注意就是经营者获得竞争优势的关键所在。因此,互联网经济作为典型的"注意力经济",经营者之间的竞争主要是对用户注意力的吸引。为了吸引用户的关注,互联网企业往往对基础产品实行免费策略,而通过其他产品来获得利润。因此,互联网经济的营销模式通常是"免费+增值服务"和"免费+广告"。

注意力经济决定了互联网行业技术创新的重要地位,互联网企业只有积极进行技术创新,不断推出新的产品,才能不断吸引用户的注意力。总体而言,互联网产品更新速度极其迅速,一个产品在获得市场以及用户的认可,获得大部分市场份额之后,并不会像传统产业那样不再注意产品创新,反之,该互联网企业仍然需要对产品进行优化升级,不断推出更优产品,才能保持产品被用户持续关注,市场份额才不被其他新产品所稀释。

第三节　互联网行业的竞争特点

竞争行为是市场中的竞争者为了争夺市场份额,追求自身利益的最大化,与同类竞争者争夺交易机会和交易对象的行为过程。[①]　与传统行业相比,互联网行业的竞争行为具有以下特性。

一、互联网竞争主要表现为技术标准的竞争

由于互联网得以产生、存在和发展的核心就在于各独立系统之间能够相

---

① 　徐世英:《竞争法新论》,北京大学出版社 2006 年版,第 1~2 页。

互连通、协同工作,这就要求各互联网产品或服务能够相互兼容和相互配合使用,否则,互联网系统无法有效运转。互联网各独立系统之间要达到相互连接和协同工作,关键在于它们之间存在广泛认可、共同遵守的网络系统技术标准。这就要求网络系统技术标准必须统一,否则只能形成四分五裂的分散系统,达不到互联互通的要求。如果网络系统技术标准不统一,不但会阻碍经济效率的提高,而且会由于标准之间的互不兼容或者引发标准大战,造成社会资源的浪费、消费者学习成本的增加以及系统转换上的不便捷——这就是标准的不相容性定律。由于存在标准的不相容定律,要求互联网行业只能存在为数不多的网络系统标准。

由于互联网行业资金准入门槛较低以及产品具有易复制性,因此,互联网企业若想在市场竞争中取胜,抢占技术标准是一种经常性的选择。虽然在传统经济领域也存在经营者之间的技术标准竞争,但是某经营者的产品如果比标准产品的性能或者品质更好,就有可能取代标准产品,成为传统市场中新的技术标准。但是,在互联网行业,由于存在明显的锁定效应,新产品往往需要在性能或者品质上显著增强,才能驱使消费者愿意放弃使用老产品而转向使用新产品,然后通过用户规模的积累逐渐成为该领域新的技术标准,产品品质较小幅度的增强不能达到取代旧的技术标准的效果。

技术标准竞争对互联网行业的影响主要体现在产品之间的兼容性上,互联网产品具有较高程度的兼容性是互联网行业健康发展的要求。对于互联网行业而言,产品的兼容性只是体现在不同产品之间的互联互通性,即不同产品之间可以互相结合,共同在一个系统内部运行、共同向用户提供服务,而不需要支付任何额外的成本。具体而言,互联网产品的兼容性源于以下要求:首先,互联网行业中产品多种多样,如何保证其在互联网环境中正常、有效地运行,是一个极其重要的问题。不具备兼容性的产品,即便其性能非常优越,但是仍然无法满足用户在互联网行业硬件与软件、软件与软件之间协调使用的需求。互联网产品只有具备较高的兼容性才能吸引用户,从而具有较强的竞争力。因此,就目前而言,拥有较高的兼容性是互联网产品发展的大势所趋。其次,具备兼容性也是对资源的一种节省。经营者在现有的技术标准上进行自己产品的生产与调试,相对于另行制定自己的技术标准而言,可以节约资源。以互联网浏览器为例,微软的 Windows 在操作系统领域占据的市场份额最大,那么,互联网浏览器的制造商在生产浏览器时就往往以 Windows 操作系统作为其浏览器运行的基础系统,否则其生产的浏览器如果不与 Windows

操作系统兼容,就无法在市场中得到普遍性的使用。最后,互联网产品具有兼容性,可以带来较高的利润。麦图尔特和雷金博在 1987 年就指出,当互联网企业生产兼容的组件时,可以扩大其产品的影响力,其所得的利润和价格更高。也就是说,产品的兼容性可以减弱价格竞争机制的作用。①

在互联网行业,与行业标准兼容性程度越高的产品越容易获得用户选择。不具备兼容性的互联网产品,由于其功能和性能都受制于兼容性,必然会导致市场份额的逐渐降低。以手机操作系统为例,在智能手机还未流行的时候,塞班手机操作系统占据了手机市场的大部分市场份额,原因是使用塞班手机操作系统的诺基亚手机在市场上占据的市场份额较高。但是当智能手机逐渐流行之后,安卓操作系统的异军突起在很短时间内就改变了手机操作系统的格局。安卓操作系统与塞班操作系统有着不同的技术标准,安卓操作系统的兼容性较高,是开放的系统,任何软件开发者都可以在其系统中发布、运行。反观塞班操作系统,其兼容性较差,一些软件无法在其中运行。塞班操作系统的兼容性较差导致了其市场份额逐渐被安卓操作系统所取代,甚至导致诺基亚手机也随着塞班操作系统的没落而逐渐被市场所淘汰。

二、互联网企业竞争的实质是平台的竞争

如前文所述,互联网行业具有双边平台性质。互联网企业的竞争不单单是产品或服务的竞争,平台的竞争在企业竞争中扮演着愈发重要的角色。全功能、差异化、全终端、便捷化的网络整合平台建设将成为互联网竞争主旋律。②

在互联网行业,基础产品免费是大势所趋。如杀毒软件、即时通信软件、搜索引擎等,其基本的使用功能均免费。那么,互联网行业的盈利模式就与传统经济有所差异,传统经济是依靠产品成本与售价之间的差异来进行盈利。互联网产品的基础功能多以免费的形式提供,这些免费产品并不能给企业直接带来利润。因此,互联网行业往往通过提供在线广告或者其他增值服务的形式来盈利。表 2-1 列出了我国目前主要互联网企业的商业模式及其主要收

---

① Mattes,C. And D. Regime,1987,*Standardization in Multi-Component Industries*,Indirected by H.Landis Gabel,Product Standardization and Competitive Strategy,Amsterdam:North-Holland.

② 戴莉莉:《中国互联网竞争的六大趋势——基于中国几大门户网站财务报告的比较分析》,载《中国记者》2012 年第 12 期。

入来源。①

表 2-1　我国主要互联网企业盈利模式

互联网企业	免费服务	互联网企业主要收入来源
腾讯	即时通讯	广告收入、增值服务与网络游戏收入
百度	搜索引擎	广告收入
新浪	综合门户	广告收入、增值服务与网络游戏收入
奇虎360	安全软件	广告与网络游戏收入
网易	综合门户	广告与网络游戏收入
淘宝	网上购物	广告收入与增值服务
搜狐	综合门户	广告与网络游戏收入
优酷	在线视频	广告收入与增值服务
土豆	在线视频	广告收入与增值服务

　　从表 2-1 可以看出,互联网企业首先通过免费的平台服务以吸引消费者,消费者加入该平台后,通过消费者这一用户数量去吸引广告商在该平台发布广告,或者在该平台上通过扩展的增值服务以进行盈利。所以,即便两个互联网企业在主营的免费平台服务范围上不重合,它们之间仍然会存在竞争关系,也就是平台与平台之间的竞争。以腾讯 QQ 与奇虎 360 的竞争(以下简称"3Q 大战")为例,②从业务范围上来看,腾讯 QQ 的主营业务是即时通讯服

---

　　①　徐炎:《互联网领域相关市场界定研究——从互联网领域竞争特性切入》,载《知识产权》2014 年第 2 期。

　　②　2010 年 9 月 27 日,在 QQ 此前不断推出和升级"QQ 医生"及"QQ 电脑管家"等杀毒软件应用后,360 直接发布针对 QQ 的"隐私保护器"工具,称可实时监测曝光 QQ 的行为,并提示用户"某聊天软件"在未经用户许可的情况下偷窥用户个人隐私文件和数据,引发网民对 QQ 客户端的担忧和恐慌。10 月 14 日,QQ 正式宣布向法院起诉 360 不正当竞争;10 月 27 日,腾讯网刊登了《反对 360 不正当竞争及加强行业自律的联合声明》,声明由腾讯、金山、百度、遨游、可牛等公司联合发布。10 月 29 日,360 公司推出一款名为"360 扣扣保镖"的安全工具,声称该工具会全面保护 QQ 用户的安全,包括组织 QQ 查看用户隐私文件、防止木马盗取 QQ 以及给 QQ 加速、过滤广告等功能,腾讯对此作出强烈反击,称 360 扣扣保镖是"外挂"行为。2010 年 11 月 3 日傍晚 6 点,腾讯公司公开宣称,将在装有 360 软件的电脑上停止运行 QQ 软件,电脑必须卸载 360 软件才可登录 QQ,迅速让 QQ 与 360 之争白热化。业内认为,腾讯如此行为是逼迫用户做出"二选一"的选择。11 月 5 日上午,工信部、公安部等政府部门介入,用行政命令的方式要求双方不再发生纠纷。

务,奇虎360主营业务是安全软件,从表面上看来,二者在经营范围上并不存在重合之处。但是深入分析可以发现,腾讯QQ依靠其平台吸引消费者关注后,可以通过在线广告来获得利益;奇虎360通过免费的安全软件吸引用户后,也可以通过在线广告获得利益。在此层面上,腾讯QQ和奇虎360存在竞争,这也就是平台的竞争。腾讯公司与奇虎公司作为网络服务运营商,拓展广告服务市场、竞争广告服务市场的优势地位是二者共同的利益诉求。它们各自的竞争优势主要取决于免费网络服务市场中对用户的锁定程度和广度,以及对现有用户的数据挖掘和合理分类。[1] 因此,在判断互联网企业之间是否存在竞争关系时,并不取决于企业是否经营相同的产品,而取决于企业在涉案行为相关的经营活动中是否存在竞争关系。[2]

对于一个互联网企业而言,平台中数量庞大的用户就是盈利的最大保障。一个具有庞大数量的平台,可以较为轻易地开展新业务并将平台上的用户转化为新业务的用户。例如,淘宝网在其平台上推出阿里旺旺[3]工具,短时间内就将一定数量的淘宝网用户转移至阿里旺旺;腾讯QQ开通QQ邮箱功能,在邮箱市场上占据了较大的市场份额;微信在其平台中植入滴滴打车功能,将部分微信用户转移至滴滴打车软件市场中。这些功能的增加,一方面,对于用户而言是平台功能的健全和增强,另一方面,也可能对其他平台造成严重的影响。例如,Facebook增加即时聊天功能后,导致当时的即时通讯霸主MSN市场份额受到极大的影响。由此可见,互联网企业的竞争实质上是平台的竞争,平台的竞争往往是通过免费的产品或服务来吸引消费者,消费者的数量是企业进行竞争最大的武器。

三、互联网企业竞争具有较强的合作性

互联网行业是一个系统的体系,该行业是由各种各样功能迥异的产品或服务构成,其完善程度和功能的完整度关系着互联网用户的切身利益。在互联网行业,不同企业生产的不同功能的产品组成了一个系统,为了用户更加有

---

① 王艳芳:《〈反不正当竞争法〉在互联网不正当竞争案件中的适用》,载《法律适用》2014年第7期。

② 参见北京市高级人民法院(2013)高民终字第2352号民事判决书。

③ 阿里旺旺是一种即时通信软件,淘宝网用户可以通过阿里旺旺来进行卖家与买家之间的对话。

效地使用网络,各个产品之间应该进行兼容与协调。因此,互联网行业不同于传统行业,其在进行市场竞争的同时,企业与企业之间还存在着相互合作的关系。由于互联网行业市场的有限性以及用户资源的稀缺性,互联网行业与传统行业一样,存在着企业与企业之间的竞争;与此同时,由于互联网产品之间存在的兼容性以及功能之间的互补性、对运行系统的依赖性,这也决定了互联网行业中企业之间存在着一定程度的合作,其原因是没有一个单独的企业能够提供整个互联网系统正常运行所需要的全部产品和服务。

随着互联网经济的发展,互联网企业之间的合作程度也在加强,其原因主要有如下几点:

第一,互联网企业之间的合作是互联网本身的要求。互联网行业是一个庞大的市场,其中包含着多种产品或服务。这些产品或服务构成了系统的互联网市场,互联网市场中的产品或服务越多,那么相互兼容的互补产品也就越多,互联网的功能也相对越完善。具有完善功能的互联网系统也更可能向用户提供较为全面和有效的服务,对用户而言效用越大,越具有吸引力。与此同时,根据梅特卡夫准则:"网络的价值等于网络节点数的平方,即网络的价值以用户数量平方的速度增长。"①而用户数量的增加反过来又会给互联网市场上的各个企业带来更多的利益,扩大整个互联网市场。因此,互联网市场上的企业需要通过相互合作,来保障互联网行业的稳定与高效运行,从而建立具有一定规模的互联网市场,只有这样,彼此才能获得更多的利润。

第二,互联网产品之间的兼容性以及技术标准化决定了互联网企业必须存在一定程度的合作。兼容问题是互联网企业标准竞争中最常遇到的问题,对于互联网企业而言,作为标准的制定者,也就是技术的发起人获得产权利益并非唯一选择。"在没有兼容成本的情况下,如果能够实现较高程度的兼容,厂商会倾向于兼容。如果兼容的收益为正,市场份额较低的厂商也会倾向于兼容。"②互联网产品中普遍存在着兼容性问题,比如一些软件产品必须在电脑操作系统上运行,就要求这些软件必须与电脑操作系统兼容,那么软件和电脑操作系统的制造商就存在着一定程度的合作。

第三,互联网的信息及资源的共享性也为企业间的合作创造了良好的外

---

① 刘培刚、郑亚琴:《网络经济学》,华东理工大学出版社 2007 年版,第 51 页。

② 毛丰付:《标准竞争与竞争策略——以 ICT 产业为例》,上海三联书店出版社 2007 年版,第 100 页。

部条件。互联网是高度信息化的产业,互联网行业的主要产品是信息产品。信息产品的易复制、易共享决定了互联网行业有别于传统行业。传统行业中产品具有较强的独立性,产品之间的依赖性较小。在互联网行业,企业与企业之间可以实现彼此之间的资料互换、信息共享,企业可以联合进行产品的研发,可以共同生产产品,以及利用共同的资源去生产互补的产品。

第四,在互联网市场中,经营者之间的利益一致性更强。在传统行业,因为产品生产和销售的规模性和互补性有限,故通过"做大蛋糕"而使得竞争者共赢的做法不常见。但在互联网行业,各企业经营的产品具有多样性、综合性、交叉性、互补性等特征,这使得互联网企业更容易适当让渡自己的部分利益来做大整个互联网行业的蛋糕,并在瓜分这个大蛋糕中盈利。目前,互联网市场上比较流行这样一种观念:正在成长的互联网细分市场或互联网细分市场的增长,比企业所拥有的市场份额多少更加重要,因此,在一个非常小的细分市场中占有50%的市场份额,所获得的利益可能远不如在一个更大的细分市场中拥有的20%的份额。[1] 因此,现代互联网平台企业可以在开发产品方面,与竞争对手之间进行充分的协调或者合作,从而加大互联网行业利益的一致性和共荣性。[2]

---

[1] [美]安娜贝拉·加威尔、迈克尔·库苏麦诺:《平台领导——英特尔、微软和科斯如何推动行业创新》,广东经济出版社2007年版,第57页。

[2] 张江莉:《互联网市场规范中的竞争问题》,载《网络法律评论》2012年第2期。

第三章
互联网新型不正当竞争案件判决书的文本调研

27

第一节　数据录入情况说明

一、数据来源

本书的数据录入选取了 1999 年 1 月至 2019 年 3 月的互联网新型不正当竞争案件判决书,总计 242 份。

二、分析工具及分析方法

此次数据的分析工具为 SPSS 软件。在 SPSS 软件中设计变量,随后把判决书中的相关信息按照变量设计依次录入 SPSS 软件,利用频次分析等分析方法,对数据进行相关分析。

三、变量设计

此次数据录入,共设计了 23 个变量,分别为:年度,省份,审级,胜败诉情况,法官是否适用《反不正当竞争法》第 2 条进行判决,法官是否认定原被告具有同业竞争关系,法官是否认定被告具有主观恶意,新型不正当竞争案件侵权行为方式,是否涉及第三方平台,法官有无对互联网经济秩序进行说理,判决中是否对行为为什么违反了商业道德或诚实信用原则进行了详细说明,行为人担责原因、赔偿依据、判决数额、索赔数额、担责主体及方式,是否判决在网站消除影响或赔礼道歉,可期待利益损失是否纳入了损害赔偿范围,酌定赔偿中考虑的酌定因素有哪些,法官在采用酌定赔偿方式时对酌定因素是否进行了具体阐述,是否支持由被告承担举证合理费用,是否引入专家证人。

第二节　数据分析汇总①

一、年度频次分析数据

表 3-1　互联网新型不正当竞争的年度分布

		频率	百分比	有效百分比	累积百分比
有效	1999	2	0.8	0.8	0.8
	2000	2	0.8	0.8	1.7
	2001	4	1.7	1.7	3.3
	2002	1	0.4	0.4	3.7
	2003	5	2.1	2.1	5.8
	2004	10	4.1	4.1	9.9
	2005	8	3.3	3.3	13.2
	2006	16	6.6	6.6	19.8
	2007	15	6.2	6.2	26.0
	2008	4	1.7	1.7	27.7
	2009	6	2.5	2.5	30.2
	2010	11	4.5	4.5	34.7
	2011	17	7.0	7.0	41.7
	2012	8	3.3	3.3	45.0
	2013	7	2.9	2.9	47.9
	2014	21	8.7	8.7	56.6
	2015	25	10.3	10.3	66.9
	2016	7	2.9	2.9	69.8
	2017	36	14.9	14.9	84.7
	2018	36	14.9	14.9	99.6
	2019	1	0.4	0.4	100.0
	合计	242	100.0	100.0	—

---

① 本节各表各项百分比的数值均保留了一位有效数字。

28

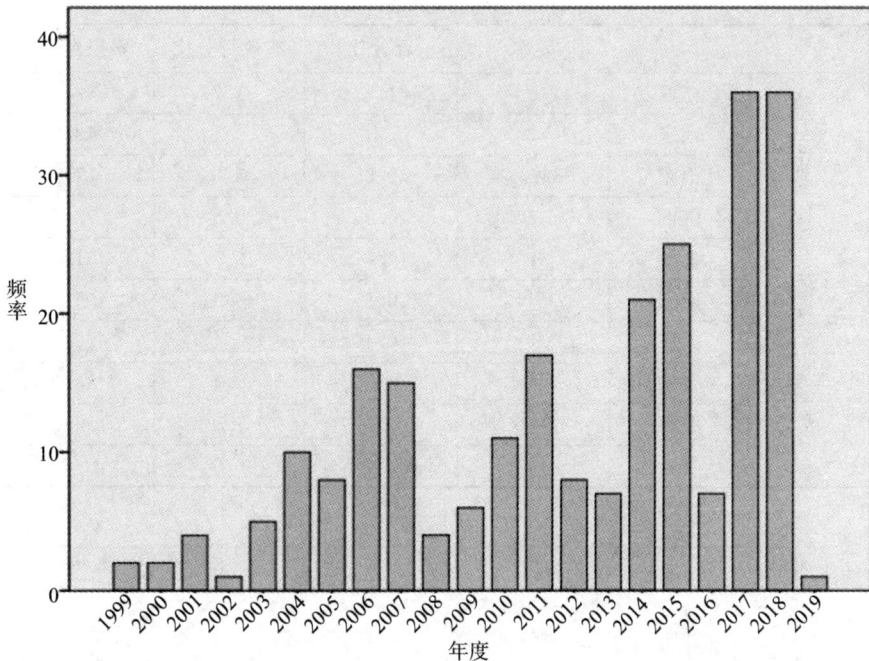

图 3-1　互联网新型不正当竞争的年度频率

二、省份频次分析数据

表 3-2　互联网新型不正当竞争的省(市)分布

		频率	百分比	有效百分比	累积百分比
有效	安徽	1	0.4	0.4	0.4
	北京	129	53.3	53.3	53.7
	福建	6	2.5	2.5	56.2
	甘肃	2	0.8	0.8	57.0
	广东	20	8.3	8.3	65.3
	河北	1	0.4	0.4	65.7
	河南	2	0.8	0.8	66.5
	湖北	3	1.2	1.2	67.8
	湖南	1	0.4	0.4	68.2
	江苏	6	2.5	2.5	70.7

续表

		频率	百分比	有效百分比	累积百分比
有效	江西	4	1.7	1.7	72.3
	辽宁	1	0.4	0.4	72.7
	山东	12	5.0	5.0	77.7
	陕西	2	0.8	0.8	78.5
	上海	31	12.8	12.8	91.3
	四川	2	0.8	0.8	92.1
	天津	1	0.4	0.4	92.6
	云南	1	0.4	0.4	93.0
	浙江	17	7.0	7.0	100.0
	合计	242	100.0	100.0	—

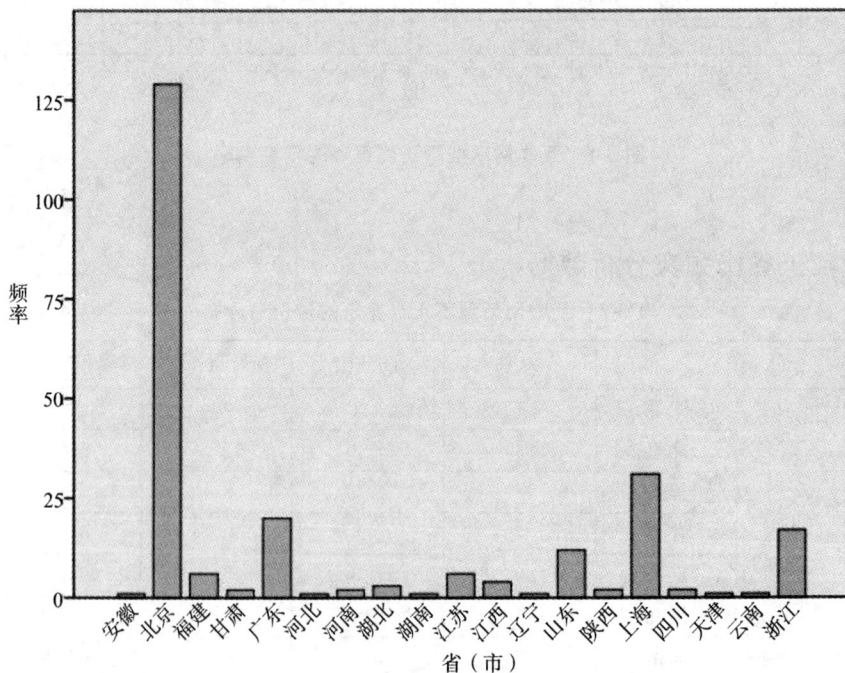

图 3-2　互联网新型不正当竞争的省(市)分布

三、审级频次分析数据

表 3-3　互联网新型不正当竞争案件的审级

		频率	百分比	有效百分比	累积百分比
有效	一审	133	55.0	55.0	55.0
	二审	107	44.2	44.2	99.2
	再审	2	0.8	0.8	100.0
	合计	242	100.0	100.0	—

四、胜败诉情况频次分析数据

表 3-4　互联网新型不正当竞争案件的胜败诉情况

		频率	百分比	有效百分比	累积百分比
有效	胜诉	138	57.0	63.3	63.3
	败诉	80	33.1	36.7	100.0
	合计	218	90.1	100.0	—
缺失	系统	24	9.9	—	—
合计		242	100.0	—	—

五、法官是否适用《反不正当竞争法》第 2 条进行判决频次分析数据

表 3-5　是否适用《反不正当竞争法》第 2 条

		频率	百分比	有效百分比	累积百分比
有效	是	137	56.6	68.5	68.5
	否	63	26.0	31.5	100.0
	合计	200	82.6	100.0	—
缺失	系统	42	17.4	—	—
合计		242	100.0	—	—

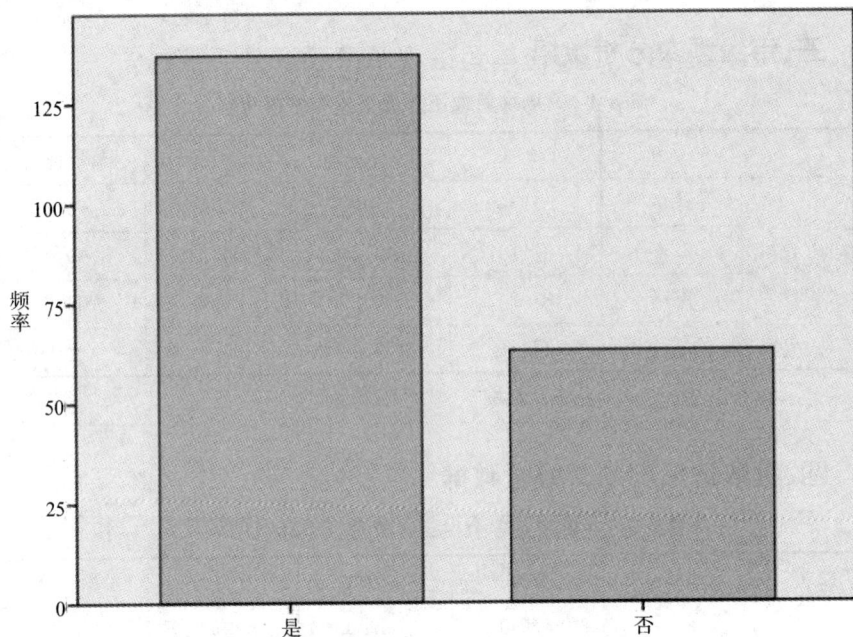

图 3-3　是否适用《反不正当竞争法》第 2 条

六、法官是否认定原被告具有同业竞争关系频次分析数据

表 3-6　法官是否认定原被告具有同业竞争关系

		频率	百分比	有效百分比	累积百分比
有效	是	100	41.3	75.2	75.2
	否	33	13.6	24.8	100.0
	合计	133	55.0	100.0	—
缺失	系统	109	45.0	—	—
合计		242	100.0	—	—

七、法官是否认定被告具有主观恶意频次分析数据

表 3-7　法官是否认定被告具有主观恶意

		频率	百分比	有效百分比	累积百分比
有效	是	89	36.8	46.8	46.8
	否	101	41.7	53.2	100.0
	合计	190	78.5	100.0	—
缺失	系统	52	21.5	—	—
合计		242	100.0	—	—

八、互联网新型不正当竞争案件侵权行为方式频次分析数据

表 3-8　互联网新型不正当竞争案件的侵权行为方式

		频率	百分比	有效百分比	累积百分比
有效	域名类	63	26.0	30.6	30.6
	链接类	7	2.9	3.4	34.0
	软件冲突类	20	8.3	9.7	43.7
	搜索引擎类	58	24.0	28.2	71.8
	Robots 协议	2	0.8	1.0	72.8
	屏蔽广告	27	11.2	13.1	85.9
	未经许可使用他人数据库	4	1.7	1.9	87.9
	其他	13	5.4	6.3	94.2
	综合	12	5.0	5.8	100.0
	合计	206	85.1	100.0	—
缺失	系统	36	14.9	—	—
合计		242	100.0	—	—

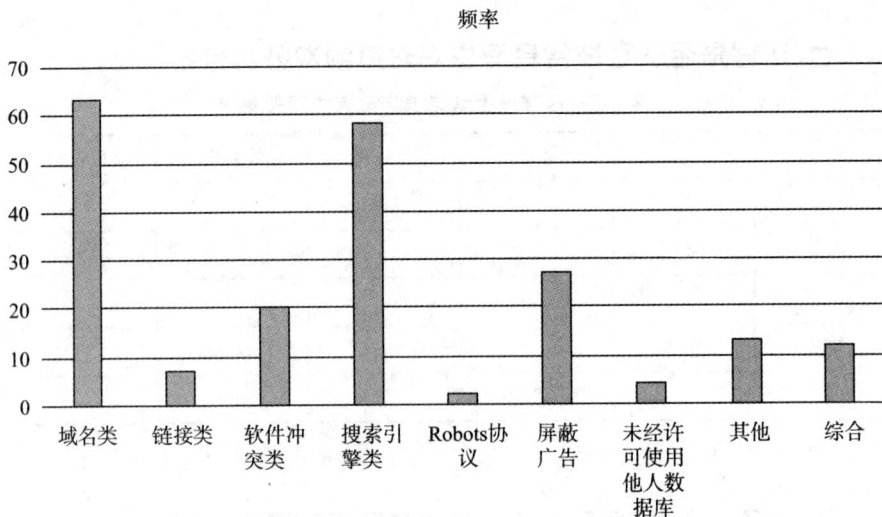

图 3-4 互联网新型不正当竞争案件的侵权行为方式

九、是否涉及第三方平台频次分析数据

表 3-9 是否涉及第三方网络平台

		频率	百分比	有效百分比	累积百分比
有效	是	57	23.6	25.7	25.7
	否	165	68.2	74.3	100.0
	合计	222	91.7	100.0	—
缺失	系统	20	8.3	—	—
合计		242	100.0	—	—

十、法官有无对互联网经济秩序进行说理频次分析数据

表 3-10　法官有无对互联网经济秩序进行说理

		频率	百分比	有效百分比	累积百分比
有效	有	33	13.6	16.7	16.7
	无	165	68.2	83.3	100.0
	合计	198	81.8	100.0	—
缺失	系统	44	18.2	—	—
合计		242	100.0	—	—

十一、判决中是否对行为违反商业道德或诚实信用原则进行了详细说明频次分析数据

表 3-11　是否对行为为何违反商业道德或诚实信用原则进行了详细说明

		频率	百分比	有效百分比	累积百分比
有效	是	61	25.2	33.0	33.0
	否	124	51.2	67.0	100.0
	合计	185	76.4	100.0	—
缺失	系统	57	23.6	—	—
合计		242	100.0	—	—

十二、行为人担责原因频次分析数据

表 3-12　行为人担责原因

		频率	百分比	有效百分比	累积百分比
有效	损害了经营者利益	114	47.1	71.3	71.3
	损害了公平竞争秩序	8	3.3	5.0	76.3
	综合	38	15.7	23.8	100.0
	合计	160	66.1	100.0	—
缺失	系统	82	33.9	—	—
合计		242	100.0	—	—

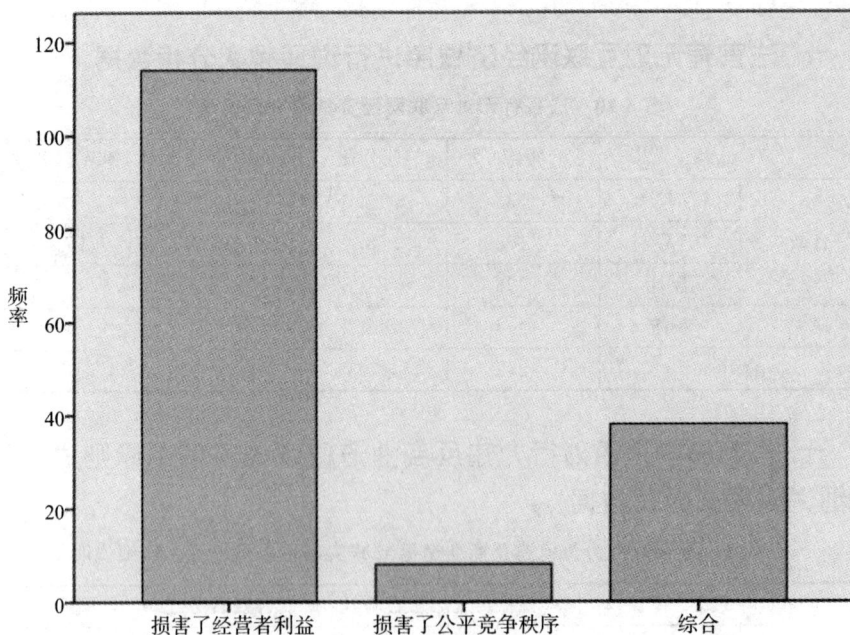

图 3-5　互联网新型不正当竞争案件的行为人担责原因分析

十三、索赔数额与判决数额频次分析数据

表 3-13　索赔数额与判决数额

		索赔数额	判决数额
N	有效	178	169
	缺失	64	73
均值		5287946.4370	257451.9130
中值		500000.0000	80000.0000
众数		500000.00	0.00
和		941254466	43509373.30

十四、赔偿依据频次分析数据

表 3-14　赔偿依据

		频率	百分比	有效百分比	累积百分比
有效	原告损失	12	5.0	7.8	7.8
	法定赔偿	1	0.4	0.7	8.5
	酌定赔偿	140	57.9	91.5	100.0
	合计	153	63.2	100.0	—
缺失	系统	89	36.8	—	—
合计		242	100.0	—	—

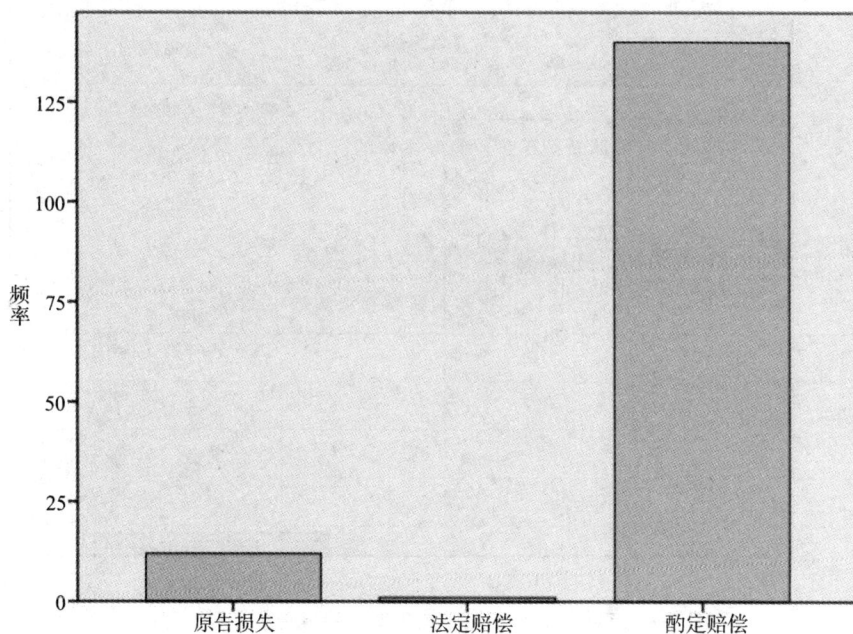

图 3-6　互联网新型不正当竞争案件的赔偿依据

十五、担责主体频次分析数据

表 3-15　担责主体

		频率	百分比	有效百分比	累积百分比
有效	被告承担	156	64.5	95.1	95.1
	共同承担	8	3.3	4.9	100.0
	合计	164	67.8	100.0	—
缺失	系统	78	32.2	—	—
合计		242	100.0	—	—

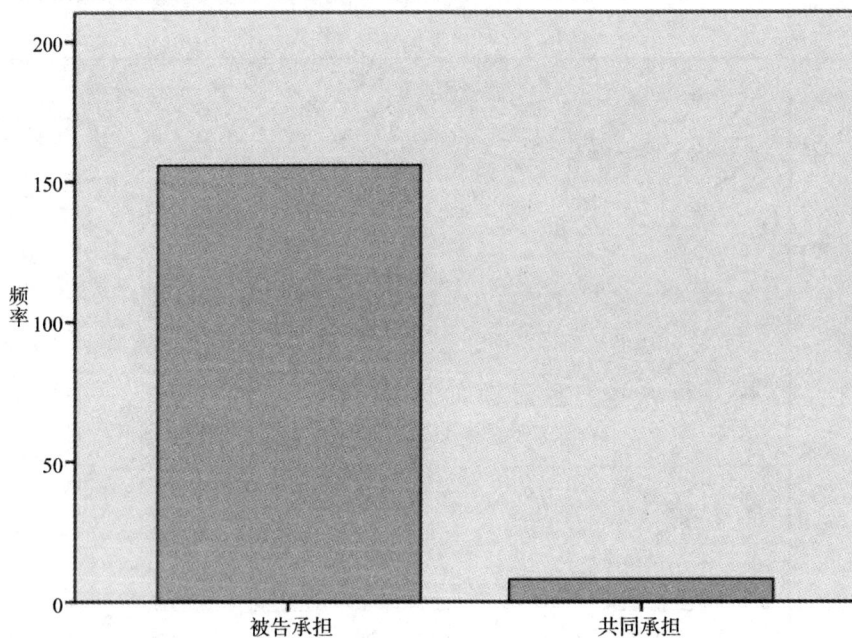

图 3-7　互联网新型不正当竞争案件的担责主体分析图

十六、是否判决赔礼道歉及消除影响频次分析数据

表 3-16   是否判决赔礼道歉及消除影响

		频率	百分比	有效百分比	累积百分比
有效	是	67	27.7	41.9	41.9
	否	93	38.4	58.1	100.0
	合计	160	66.1	100.0	—
缺失	系统	82	33.9	—	—
合计		242	100.0	—	—

十七、可期待利益损失是否纳入了损害赔偿范围频次分析数据

表 3-17   可期待利益损失是否纳入损害赔偿范围

		频率	百分比	有效百分比	累积百分比
有效	是	7	2.9	4.5	4.5
	否	150	62.0	95.5	100.0
	合计	157	64.9	100.0	—
缺失	系统	85	35.1	—	—
合计		242	100.0	—	—

十八、酌定赔偿考量因素频次分析数据

表 3-18   酌定赔偿考量因素

		频率	百分比	有效百分比	累积百分比
有效	企业形象或商誉受损程度	1	0.4	0.7	0.7
	主观过错	1	0.4	0.7	1.4
	侵权范围	1	0.4	0.7	2.1
	合理开支	4	1.7	2.8	4.9
	其他	2	0.8	1.4	6.3
	综合	135	55.8	93.8	100.0
	合计	144	59.5	100.0	—
缺失	系统	98	40.5	—	—
合计		242	100.0	—	—

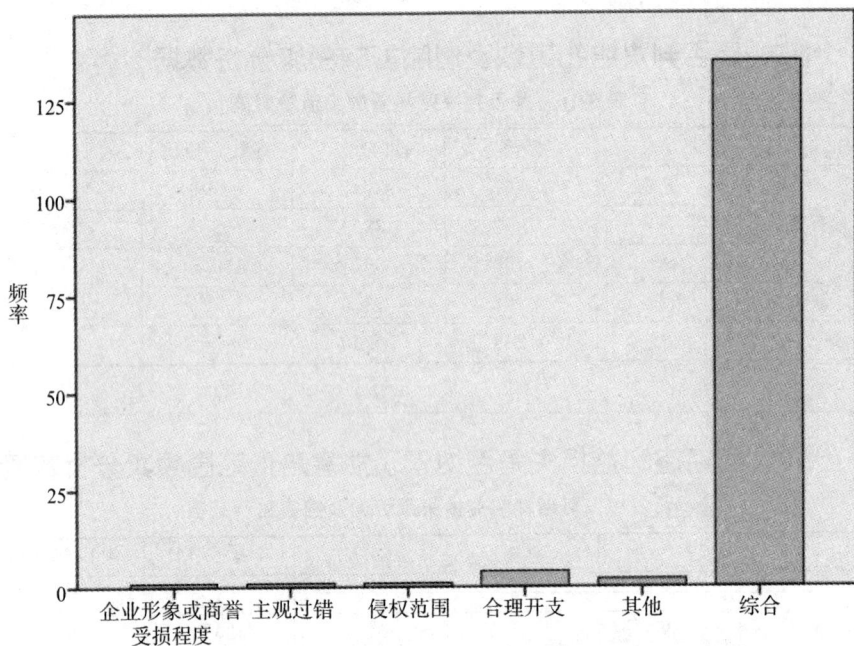

图 3-8　互联网新型不正当竞争案件酌定赔偿的主要考量因素

十九、法官在采用酌定赔偿方式时对酌定因素是否进行了具体阐述频次分析数据

表 3-19　法官适用酌定赔偿时是否进行具体阐述

		频率	百分比	有效百分比	累积百分比
有效	是	35	14.5	24.1	24.1
	否	110	45.5	75.9	100.0
	合计	145	59.9	100.0	—
缺失	系统	97	40.1	—	—
合计		242	100.0	—	—

二十、是否支持由被告承担举证合理费用频次分析数据

表 3-20　是否支持合理费用纳入赔偿范围

		频率	百分比	有效百分比	累积百分比
有效	是	130	53.7	87.8	87.8
	否	18	7.4	12.2	100.0
	合计	148	61.0	100.0	—
缺失	系统	94	38.8	—	—
合计		242	100.0	—	—

二十一、是否引入专家证人频次分析数据

表 3-21　是否引入专家证人

		频率	百分比	有效百分比	累积百分比
有效	是	5	2.1	2.7	2.7
	否	181	74.8	97.3	100.0
	合计	186	76.9	100.0	—
缺失	系统	56	23.1	—	—
合计		242	100.0	—	—

第四章
互联网新型不正当竞争行为
的规制理念

　　互联网新型不正当竞争行为从最初产生到频频爆发,对经济和社会所带来的是一种前所未有的、全方位的冲击,其不仅影响了其他合法竞争者和消费者的利益,也颠覆了竞争秩序,对市场本身(包括市场运行、市场结构等)造成了挑战,甚至使传统反不正当竞争规制体系(包括规制理念、规制思路、规制标准等)面临全新变革。虽然2017年修订后的《反不正当竞争法》增加了"互联网专条",对互联网新型不正当竞争行为进行了类型化规定,但是基于"互联网专条"立法规定的不周延性以及互联网商业模式的快速迭代,法官在审判此类不正当竞争案件时,仍需发挥主观能动性,通过适用《反不正当竞争法》第12条的兜底条款以及第2条的一般条款来规制那些立法中没有明确规定的行为。法官在行使自由裁量权判定互联网新型不正当竞争行为时,究竟应采用哪种规制理念?这种理念又当如何证成?这些问题都值得我们深思。长期以来,学界对反不正当竞争法的研究大抵局限于法条阐释、案例剖析以及对域外竞争法律制度的借鉴研究,鲜少全面揭示反不正当竞争法的基本理念及精神,在互联网新型不正当竞争案件呈"井喷式"爆发之际,更鲜有文献探究互联网新型不正当竞争行为的规制理念。本部分将立足于互联网新型不正当竞争案件现有规制理念,探讨其存在的不足,提出互联网新型不正当竞争行为的新规制理念。

第一节　互联网新型不正当竞争行为现有
规制理念考察

　　课题组对收集到的1999年至2019年3月的242个案件进行逐一分析后,从中提炼出现有司法审判中对互联网新型竞争行为的认定所秉持的行为规制理念。在 186 份以判决方式结案的案件中,有 134 份适用了《反不正当竞争法》第 2 条,其中仅适用第 1 款的有 37 份判决,占 27.4%,仅适用第 2 款的只有 1 份,占 0.7%;97 份判决笼统适用第 2 条,占 71.9%。由此可见,大多数法院综合考虑了《反不正当竞争法》第 2 条前两款所规定的两项因素,即笼统适用第 2 条。

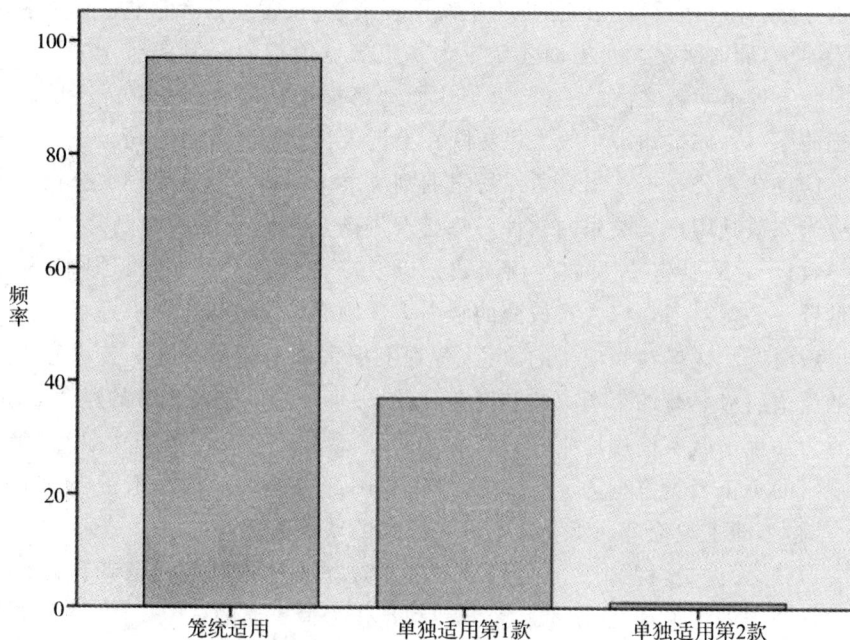

图 4-1 如何适用《反不正当竞争法》第 2 条

在适用《反不正当竞争法》第 2 条规制互联网新型不正当竞争行为的过程中,虽然大多数法院综合考虑了行为人是否违反商业道德以及是否损害经营者利益两方面,但对行为人违反商业道德进行说理的,只有 58 份判决,占 33.9%,而未对行为人违反商业道德进行说理的,则有 113 份判决,达到了 66.1%。就行为人担责原因而言,仍然以损害其他经营者利益为最主要的原因,达到 111 份,占 71.6%;以扰乱市场竞争秩序作为担责原因的仅有 8 份,占 5.2%;综合考虑多种因素的有 36 份,占 23.2%,而没有一份判决仅以损害消费者利益为由要求经营者承担责任。此外,虽然随着时代发展,互联网新型不正当案件逐渐增多,但是仍然仅有 11 份案件提到了互联网规制理念,且并未随着时间呈现明显的上升趋势,2014 年有 3 份判决提到了互联网规制理念,但2018年只有1份。

根据判决书的实证分析结果以及法官访谈反映的相关情况,可以得知法官在认定涉诉行为是否构成不正当竞争行为时,主要从行为是否侵害了其他互联网经营者的利益、是否违反了公认的商业道德入手。从法条的逻辑来看,应当将商业道德和经营者利益、公平竞争秩序、消费者利益作为两个独立的方面来考察,即以违反商业道德作为主观伦理因素,损害经营者利益等作为客观后果因素,同时满足两个方面才认定为不正当竞争行为。但是部分法院在说理时并未理清两者之间的关系,只是片面地将损害经营者利益视为违反商业道德的原因。如杭州市中级人民法院在上诉人杭州硕文软件公司与被上诉人优酷信息技术公司不正当竞争纠纷案的判决书中写道:"这表明硕文公司知道或应当知道其用户安装乐网软件后势必会屏蔽(拦截)优酷视频贴片广告,最终导致合一公司①广告投放的预期效果以及广告收益受到了实际损害,从而降低合一公司对潜在广告投放商的吸引力。硕文公司主观上具有通过乐网软件屏蔽(拦截)优酷视频广告的故意,客观上损害了本应属于合一公司基于其商业模式所应享有的市场关注和商业利益,破坏了合一公司正常的经营活动。该行为违反了诚实信用原则和公认的商业道德,属于《反不正当竞争法》第2条规定的不正当竞争行为。"②由此看出,我国部分法院对构成不正当竞争的两个因素,即主观伦理因素和客观后果因素的认识尚有所欠缺。

但是,无论是对两个因素分别独立考量还是将损害其他经营者利益纳入商业道德中进行说理,法院都将经营者利益作为最重要的认定要件,这主要与反不正当竞争法的立法宗旨有关。是否构成不正当竞争、认定不正当竞争行为的立足点在哪里以及不正当竞争行为的边界如何界定等问题,归根结底应从反不正当竞争法的立法目的予以界定和衡量。《反不正当竞争法》第1条即将"保护经营者和消费者的合法权益"作为并行的立法目的。在保护对象上,反不正当竞争法经历了从保护诚实经营者到消费者的发展过程。但是,无论反不正当竞争法具体的法律依据、立法情况如何变化,反不正当竞争法最初的立法目的都是在于保护诚实经营者的利益,保护其不受不正当经营行为的侵害。因而,在互联网新型不正当竞争行为的认定中,法官也遵循了传统不正当竞争行为的界定依据,即以互联网经营者的利益作为优先保护目标。

---

① 2017年10月17日,合一公司变更企业名称为优酷信息技术(北京)有限公司。

② 参见浙江省杭州市中级人民法院(2018)浙01民终231号判决书。

第二节　互联网新型不正当竞争行为现有规制理念存在的问题

一、缺乏对行业及行为特殊性的关注

从司法实践的结果来看,在现有互联网新型不正当竞争行为的司法判决中,很少判决书分析了互联网行业的市场特性以及新型竞争行为的特殊性对互联网新型不正当竞争行为认定可能产生的影响,并将此作为行为评价的考量因素(现有的 242 份判决中,超过一半的案件没有对互联网行业的特殊性及互联网竞争行为的特殊性予以考量)。这样的评价结果易因缺少对行为环境和行为背景的充分说理而缺乏适应性和客观性。

与传统市场相比,互联网市场具有以下新的特征:其一,虚拟性。网络市场的虚拟性主要体现为主体的虚拟性、场所的虚拟性和交易模式的虚拟性,涵盖交易主体的虚拟性、交易行为的数字化、交易客体的虚拟性等内容。在该种虚拟环境下,互联网技术拓展了传统市场的交易关系,数字信息成为商品交易的客体,极大地丰富了交易的内容。其二,超时空性。互联网创造了一个即时全球社区,它消除了不同地理空间和时间空间的沟通障碍,海量、即时的互联网信息可以在全球互联网用户中广泛传播,实现了市场交易在时间上的无缝连接和空间上的无限延展,市场的范围得到了极大扩展。其三,双边市场性。在免费营销模式的影响下,互联网行业的经营活动具有明显的双边市场特征,它意味着一个互联网平台往往具有三方甚至多方参与者。互联网平台企业往往在一边子市场上以免费提供产品或服务的方式获得基础用户的选择与支持,形成自己的用户规模和网络人气,而在另一边子市场上凭借用户集群吸引商户,收取一定费用来获得利润。其四,更重视信用。互联网交易行为改变了传统的"一手交钱,一手交货"的现货交易模式,信用交易成为互联网市场中商品交易的基本形态。以网络购物为例,许多时候,消费者在从网上店铺选择好相关商品之后,将钱支付给网络购物平台,当消费者收到自己选择的商品并且在平台上确认收货之后,或者在交易达成后经过一段期间(比如淘宝网上交易达成后十五天)之后,网络购物平台再将相关的商品价款支付给网络店铺。在消费者与网络店铺之间,购物平台既起到桥梁作用,也起到担保作用。此外,

基于交易双方的虚拟性以及信息的不对称性,消费者在网络平台选购商品(包括服务)时,除了关注经营者的销售数量,对经营者的信用评价也非常关注。

由于互联网市场有其区别于传统市场的诸多特征,而互联网行业中的竞争行为更是有着区别于传统市场中竞争行为的特有属性。通过整理和归纳,与互联网领域竞争行为正当性认定直接相关的特点有以下三个:

其一,注意力竞争。我们可以看到,几乎所有的互联网企业盈利的基础都在于它必须拥有大量的用户,在拥有用户群的基础上再开展增值服务或广告来实现利益转化。而互联网用户的注意力是有限的,因而互联网企业就需要争夺用户的有限注意力。注意力的竞争带来了至少两个附属特征,这些附属特征对于竞争行为的违法与否的判断会带来一些挑战。第一个附属特征是零价竞争。由于互联网企业需要吸引大量的用户群,免费服务无疑成为吸引用户最好的方式,在现实中我们也可以看到免费服务已经成为互联网行业的常态。基于零价竞争这一特点,如何界定不正当竞争所获得的利益是我们要重新思考的问题。第二个附属特点就是用户利益至上。互联网企业争夺的是用户的注意力,其往往凭着"用户需求"这个指挥棒,以"用户利益"的名义开发一些产品或服务,但这种产品或服务有可能损害其他互联网企业的利益。比如视频广告的拦截行为,看似表面上迎合了观看视频的互联网用户的偏好,但是极大地损害了提供视频服务的这些网站的利益。那么当互联网消费者利益和其他互联网经营者利益发生冲突时,如何评价这类迎合消费者利益但损害其他经营者利益的产品研发及经营行为的法律性质,也是互联网领域竞争行为新特点带给司法实践的挑战。

其二,创新竞争。互联网领域商业竞争区别于传统领域商业竞争的另一个显著特点就是创新竞争。创新是互联网企业生存的根本,互联网本身的开放性和平等性使得互联网行业的进入门槛比传统领域低,虽然有一些互联网细分行业形成了垄断结构,但由于网络技术呈现急速发展态势,处于垄断框架内的各互联网寡头经营者仍竞争激烈,以此确保自身的创新优越地位。而在未形成垄断结构的互联网细分行业,其竞争则更为激烈,各企业对创新产品和服务的渴求也更加紧迫。互联网企业面对的是瞬息万变的竞争环境,其市场结构具有明显的动态性特征。为了在激烈的市场竞争中不被淘汰,互联网企业必须保证争取自己能够拥有超前的技术和超前的商业模式。可以说,确保技术和商业模式的创新性成为互联网行业的关键竞争方式。而在创新式竞争的影响下,互联网新型竞争行为究竟是合法的技术创新或商业模式创新还是破坏市场秩序的违规行为,值得进一步深思。

其三,平台竞争。在互联网领域,一个企业不仅面临着本领域的直接竞争对手的竞争,有时候还有可能来自其他领域的竞争对手,即时通讯领域的代表企业腾讯和安全软件领域的代表企业 360 公司之间的"3Q 大战"即为佐证。这一跨界竞争特点给互联网不正当竞争行为的认定带来一定程度上的困难,例如,在传统领域,认定不正当竞争行为的前提条件是作为原告与作为被告的双方经营者具有直接的竞争关系,而互联网领域跨界竞争的特点使得直接竞争关系的认定变得困难,裁判者不得不突破传统竞争关系认定思维的桎梏,重新审视争议双方之间的实质经济关系,由此引发关于改进竞争关系学说甚至淡化竞争关系学说的思考。

通过以上梳理不难发现,互联网领域的竞争行为有明显区别于传统市场的特征,并且这些新的特征会影响着司法机关对于不正当竞争行为的认定。因而在认定互联网新型不正当竞争行为时,不可忽视互联网行业、互联网竞争行为的特殊性。

二、忽略对多元主体利益的均衡协调

从长远来看,互联网经营者利益、互联网消费者利益、互联网领域的社会公共利益之间形成一个有机的整体,且互为依托、缺一不可,都是经济上和法律上应该保护的对象,不应有所偏废。从现有的统计结果和分析结果来看,我国目前的司法审判过分强调对互联网经营者利益的保护,认为某一行为一旦侵害了其他互联网经营者合法利益就毫无疑问构成了不正当竞争行为。这一做法忽略了对其他相关利益的合理考量和评估,有不重视互联网消费者利益、互联网领域公共利益之嫌。是故,按这种逻辑得出的司法判决结果不具有整体性和前瞻性,对互联网行业发展的引导作用十分有限。

从深层次上来讲,对市场行为正当性的判断本质上是一个利益取舍问题,而互联网新型不正当竞争行为的认定一般涉及互联网经营者利益、互联网消费者利益和互联网领域的公共利益这三方面的内容。其中,互联网经营者利益体现为互联网经营者享有通过自己的自由竞争、获取合理商业回报的权利,包括对所开发出的产品或服务享有的所有权、盈利权等;互联网消费者利益体现为互联网消费者在购买、使用互联网商品和接受互联网服务时所享有的各种人身和财产利益,主要包括安全权、知情权、选择权等;较之前两者而言,互联网领域的社会公共利益是一种相对抽象的利益,一般认为其是互联网用户的整体利益及市场相关参与者利益的有机统一,因而不具有主体意义,或者因为主体意义过于宽泛而难以界定。但是,互联网领域的公共利益并不仅仅是互联网经营者和互联网消费者利益的简单累加,就整体而言,还应当至少包括但不限于互联网领域竞争秩序、市场结构和商业伦理这几个主要方面的价值。从这个层面来说,互联网领域公共利益具有独立的评价意义,是反不正当竞争法保护的主要法益之一。互联网新型不正当竞争行为的司法实践中仅强调了对互联网经营者合法利益的保护,保护法益过于单一,与反不正当竞争法多元法益保护的立法目的相背离,不适应互联网经济的发展要求。

总而言之,互联网新型不正当竞争行为的现有规制理念不但缺乏对互联网竞争行为特殊性的关注,而且忽视了对多元利益的均衡协调。结合实践来看,这种规制理念已经不足以很好地解决互联网企业之间频繁发生的新型竞争纠纷,不能达到理想的法律实施效果,因而有必要重新思考和塑造互联网新型不正当竞争行为的规制理念。

第三节 互联网新型不正当竞争行为规制理念的重塑

从深层次上来讲,任何对市场行为正当性的判断都是一个利益或价值的取舍问题,法律乃至一切社会制度的最终目的都是使各方利益得到均衡保护以及最大化实现。故而重新构建互联网新型不正当竞争行为的司法规制理念也应以此为出发点,以均衡保护和最大化实现互联网经营者利益、互联网消费者利益以及社会公共利益为目的和指引。

一、重塑的前提:三方利益关系的梳理

如前文所述,互联网新型不正当竞争行为认定中涉及的利益主要包括互联网经营者利益、互联网消费者利益以及互联网领域的社会公共利益。在现有原则性条款无法对互联网新型不正当竞争行为作出认定时,对三方利益的取舍或者优位保护决定了对具体竞争行为的定性。因而,有必要对这三方利益之间的关系进行简要的梳理,以此作为重塑互联网新型不正当竞争行为规制理念的前提。

(一)互联网经营者利益和互联网消费者利益之间的关系

在市场经济活动中,无论传统市场还是互联网市场,经营者和消费者是最重要的两大主体。无论是从短期还是从个案来看,经营者利益和消费者利益都是相冲突的。无论经营者还是消费者,他们都是经济学意义上的"理性经济人",他们是同一个市场的交易主体,而一定时期内同一市场的资源是有限的,一方利益的增加意味着一方利益的损失。经营者总是希望通过各种方式更多地赚取消费者的金钱或者时间,而消费者总是希望以最低廉的价格获取经营者更多的商品或服务,因而,短期来看,两者间的利益无疑是存在矛盾的。但是从长远来看,经营者和消费者又是共生共存的,保障消费者权益是经营者获得所有利润的基础,而经营者的发展又是消费者利益增进的依托,因而两者的利益取向具有一致性。当某一经营者过分抬高其商品或服务的使用成本,消费者自然选择"用脚投票",转而消费其他替代商品或者降低自己的消费需求(生活必需品除外),那么该经营者不但得不到预期的溢价收入,甚至连之前可以获得的合理收入也会失去,长久下去,买方市场将会逐渐萎缩,经营者则会失去盈利基础。相应的,消费者利益短期的过度膨胀会压缩经营者的合理利润空间,利润的降低会使得经营者同样选择"用脚投票",减少产品的研发和生产或者服务的提供,最后经营者会由于没有利润空间而选择退出这个行业。当卖方市场逐渐萎缩,只有少数甚至没有经营者愿意再提供产品或服务,那么消费者连最基本的选择权也会丧失。综上,我们认为经营者利益和消费者利益在短期内虽然是相互冲突的,但从长远来看,两者共生共存,利益取向也是一致的。

在互联网领域,这样的利益关系格局仍然存在,互联网经营者利益和互联网消费者利益之间也是短期冲突、长期一致。但是,由于互联网行业具有典型的双边市场特征,其盈利点并不在于直接向其产品或服务的消费者收取费用,而在于依托其积累的庞大用户群,以用户群为基础向另一方市场收取费用。因而在互联网市场中,互联网消费者没有了直接的经济成本,其与互联网经营者之间的利益冲突也就没有传统市场中那么明显和直接。相反,为了争夺有限的用户数量,众多互联网企业纷纷致力于打造增加用户体验的互联网产品或服务,互联网企业通过不断的技术创新和组织创新开发出新的利润空间,力图增加互联网消费者的福利而非与之争夺资源。从这一点上看,似乎在互联网领域,互联网经营者和互联网消费者的利益甚至在短期内都不存在冲突性,两者之间完全和谐共存,利益取向也完全一致。但深入分析后我们发现,虽然互联网消费者没有直接的经济支出,但并不代表其没有任何支出,互联网消费者所付出的时间和精力也是支出成本的一类。再者,互联网经营者普遍致力于增加互联网消费者利益,这一点毋庸置疑,但并不代表着其忽视自己的利益。从根本上来说,其是想通过提高用户体验而获取或者稳固自己的用户群。本质上,互联网经营者从事的一切经营行为最终还是为了获取商业利益,当互联网消费者不愿意付出足够多的注意力成本以支撑互联网企业运营所需的运营成本和合理利润时,互联网经营者和互联网消费者之间的利益冲突开始显现(比如视频网站企业普遍反对互联网消费者希望缩短或去除视频网站广告时间的意愿)。总的来说,虽然在互联网领域,经营者利益和消费者利益的趋同性更加明显,但是本质上,两者之间的关系还是符合传统市场中经营者和消费者间的关系,即在短期内冲突,长远上一致。

(二)互联网经营者利益、互联网消费者利益与互联网领域的社会公共利益之间的关系

关于互联网经营者利益、互联网消费者利益与互联网领域的社会公共利益之间的关系,有一种观点认为在市场经济领域,社会公共利益等于众多消费者利益的叠加,当广大消费者的利益得到了实现,那么社会公共利益就当然得到实现。① 持这种观点的人认为,市场经济的最终目标是增加社会整体福利,而这个社会整体福利最终体现在广大消费者福利的增加上,经营者的盈利不过是增加消费者福利的一种手段。这种观点对互联网经营者、互联网消费者和互联网领域公共利益这三者关系的解析具有一定的合理性。但正如前文所述,社会公共利益不单单是广大消费者利益的叠加,其更强调市场竞争秩序、市场结构、商业伦理等独立价值,单独构成反不正当竞争法所保护的法益。从这个层面上来说,互联网经营者利益、互联网消费者利益和互联网社会公共利益均具有独立的内涵和价值,三者相互联系,共同构成互联网经济的利益体系。与经营者和消费者之间短期冲突、长期一致的利益关系不同,互联网社会公共利益与互联网经营者、互联网消费者利益间的关系更偏向是一种互为条件、相互促进的关系,良好的市场结构和竞争秩序给互联网经营者利益、互联网消费者利益提供了良好的实现环境,而互联网经营者、互联网消费者利益的实现反过来又会自觉对以市场秩序、市场结构为内涵的互联网社会公共利益

---

① 陈志龙:《法益与刑事立法》,台湾大学丛书编辑委员会 1992 年版,第 62 页,转引自张明楷:《法益初论》,中国政法大学出版社 2003 年修订版,第 166 页。

加以维护和巩固。探其原因,可以发现,互联网经营者利益和互联网消费者利益始终处于一种博弈中,相互对抗又相互依存,而市场经济的神奇之处就在于,只要竞争机制能够正常地发挥作用,任何市场主体之间的利益博弈都能在"价格"这个指挥棒下找到平衡,而社会公共利益所内含的稳定竞争秩序又是竞争机制发挥作用所必需的条件。因而,从这个层面上来说,互联网社会公共利益是互联网经营者利益和互联网消费者利益的前提和条件。反过来,由于互联网经营者利益和互联网消费者利益的实现会使得所有互联网经营者和互联网消费者都得以壮大,形成两股实力相当、相互制约的经济力量,这种相互制约的经济力量有利于稳固竞争机制运行的基础,维护正常的市场竞争秩序,因而互联网经营者利益和互联网消费者利益的实现也是促进互联网社会公共利益实现的条件。所以说,以互联网市场结构和竞争秩序为内涵的互联网公共利益是互联网经营者、互联网消费者利益实现的前提和条件,而互联网经营者和互联网消费者利益的实现又反过来促进互联网公共利益的实现。

二、重塑的结果:以"社会整体利益"为规制理念

为何互联网新型不正当竞争行为应以"社会整体利益"作为规制理念?这首先要归因于反不正当竞争法的根本理念及精神。反不正当竞争法作为维护竞争秩序、调节竞争利益的一种工具,其追求公平竞争、自由竞争等价值,当这些价值目标发生冲突之际,将以社会整体利益作为协调这些价值目标的基点。因为社会整体利益[①]是一种一般的、具有共性特点的、普遍性的社会利益,其

---

① 我国学者大多认为,社会整体利益(社会公共利益)的主体是"社会"或"社会公众"、"公共社会"。一般认为社会整体利益只是术语表达上的差别,其实质与社会利益、公共利益并无不同。可参见梁上上:《利益的层次结构与利益衡量的展开》(载《法学研究》2002 年第 1 期),孙笑侠:《论法律与社会利益》(载《中国法学》1995 年第 4 期)等文章关于社会整体利益主体的界定。也有学者认为,从性质上分析,社会公共利益、社会整体利益是同一的,但各有侧重,进而认为用社会整体利益概括、取代上述三个概念更为妥当。参见李友根:《社会整体利益的代表机制研究》,载《南京大学学报(哲学·人文科学·社会科学)》2002 年第 2 期。而我国立法对社会整体利益并无明确规定,只见于立法中的是"公民利益""社会利益"等。本书认为,社会整体利益与社会利益、社会公共利益并无不同,只是术语表达上的差别,都体现为对社会整体的欲求,客观上都体现为这些欲求指向的事物,本质上是一致的。但如果要表达利益的社会性与整体性,社会整体利益则是相对较为精确的概念。

反映在个体利益之中,但并非个体利益的简单相加,而是通过个体利益的各异强度表现出来的相对稳定的、一般的、不断重复的东西。其重视主体的广泛性及欲求的共同性,是协调各种不同价值理念冲突的基准点。概言之,社会整体利益乃"社会个体所共同的、一致的个体利益的总和"。就其本质而言,反不正当竞争法的价值取向就是属于"社会利益的范畴,是社会利益至上"。反不正当竞争法的最终目的在于维护社会整体利益。[①] 这从该法第 1 条的规定可析知。《反不正当竞争法》第 1 条确立了该法的立法宗旨为"为了促进社会主义市场经济健康发展,鼓励和保护公平竞争,制止不正当竞争行为,保护经营者和消费者的合法权益"。由于消费者既是经济活动终端环节的参与者,又是经营者志在夺取的利益目标,消费者利益也被视为是社会整体利益的重要体现。换言之,如果能有效保护消费者利益,社会整体利益就可以得到有效维护。但是,保护消费者利益需要经营者的配合与参与,经营者的合法权益得到维护,消费者的利益才能在一定程度上得到切实落实与保护。因此,反不正当竞争法通过维护经营者利益、消费者利益从而实现社会整体利益。社会整体利益也成为《反不正当竞争法》规制所有不正当竞争行为的根本理念。它要求实务部门在对市场主体的竞争行为进行评价时,必然以社会整体利益作为根本指引。市场主体的行为只有符合社会整体利益,才能获得反不正当竞争法的肯定。互联网新型不正当竞争行为在本质上也是一种不正当竞争行为,因而对其进行规制时,根本理念也要秉持社会整体利益观。此外,以社会整体利益观作为互联网新型不正当竞争行为的规制理念,也是对互联网行业、互联网竞争行为特殊性的回应。互联网中的竞争,也是注意力之间的竞争,在用户为王的竞争背景下,以社会整体利益为规制理念才能切实保障消费者的利益,遵循互联网行业竞争的特殊性。

为了保障社会整体利益,在对互联网新型不正当竞争行为进行法律规制时,应妥善解决可能出现的私人利益与社会整体利益之间的对立问题,在无法实现协调时,可牺牲少数私人利益从而在最大限度上保障社会整体利益的实

---

① 反不正当竞争法将社会公共利益设为第一保护目标,一方面为了满足其捍卫社会公共利益这一需求,另一方面也为了满足通过符合社会公共利益相关机制的设定从而实现在整体上保障其他经营者及消费者的正当利益。反不正当竞争法所维护的社会公共利益是每个私法主体的利益,是社会共同体的利益,折射出一种利他性的价值理念,反不正当竞争法所蕴含的最深层次的理念正是一种公益精神,一种普世性的社会公共利益观。

现。① 具体而言,应注意对以下几种行为的规制:

其一,某些看似对部分消费者有利、表面上迎合了部分消费者的喜好、冠以"维护消费者利益"旗号而实施的侵害公平竞争秩序的行为,从长远来看侵害了消费者长期的、整体的利益,其本质也是不正当竞争行为。以互联网广告屏蔽行为为例,该行为看似能够维护消费者利益——可帮助消费者节约用于观看广告的时间,但其实质上破坏了互联网行业"免费视频+广告"的商业模式,且会损害消费者的长期利益。在"免费视频+广告"的商业模式下,视频网站经营者的收入主要来源于广告,若广告商付费在视频网站投放广告,但因广告被大量屏蔽而起不到相应的宣传效果,则其必然会减少相应的广告投入,进而导致视频网站收入降低,而视频网站为了获利,可能会转而向消费者收取费用。虽然现在各大视频网站也均有会员收费制,但相比于广大免费视频观看者而言,仅是小部分群体,若一旦肯定破坏"免费视频+广告"商业模式行为的正当性,其结果必然导致收费项目激增,最终损害消费者的长期利益。此外,互联网新型不正当竞争行为具有明显的"外部性",互联网市场竞争秩序的受损往往会转嫁到消费者头上。此种不当损害其他经营者利益、侵害竞争秩序的不正当竞争行为长此以往也将减损消费者福利。

因此,在判断经营者的市场行为是否侵害消费者利益时,不能简单地根据个别消费者是否满意进行判断,而应当主要分析市场竞争行为是否损害了保障消费者利益的竞争机制。② 一般而言,切实保障消费者利益的竞争机制将有利于消费者长期利益的保护,而个别消费者的满意程度却易表现为消费者短期利益,甚至存在消费者为私利而故意错误传达意愿的情况。

其二,对于某些乍看侵害了他人的竞争利益却对消费者整体利益、长期利益有利的行为,则应持审慎态度,不可一味、机械地将之纳入不正当竞争行为的序列中去。比如因安全软件公司评测其他互联网公司所引发的不正当竞争纠纷案,则应当注意平衡好此类主体的商业言论自由、被评测对象的正当权益以及互联网消费者的信息获取权益三者之间的动态关系。考虑在极富技术含量、信息甚为复杂的互联网行业中,作为买方的普通消费者处于信息劣势地位,通常难以在较短时间内发现经营者所提供产品的不足甚至是潜在的危害,

---

① 美国、德国等国家的反不正当竞争法的历次修订皆折射出这一变化趋势。

② 孔祥俊:《保护经营者和消费者与维护公平竞争机制的关系——从一起行政诉讼案的法律适用谈反不正当竞争法的立法目的》,载《工商行政管理》2000 年第 5 期。

法律便不可一味禁止经营者对其竞争对手作负面的竞争宣传。如安全软件公司对被评测主体的评论是一种基于客观事实作出的真实陈述,即使该陈述、评价是对与其具有竞争关系的竞争对手作出的负面评价,鉴于其为互联网消费者提供了相对客观、真实的信息,有利于互联网消费者作出全面、理性的市场判断,则此类行为不可被认定为不正当竞争行为。

其三,对于损害了少数消费者或者经营者的利益,但对绝大多数消费者或经营者的长远利益有利的行为,不应认定为不正当竞争行为。在互联网新型不正当竞争行为的规制中,可以以社会整体利益来解决消费者与经营者之间短期的利益冲突问题。良好的互联网竞争秩序有利于防止互联网市场信号失真,避免互联网市场机制紊乱,不仅给经营者的竞争行为带来福音,亦为消费者创设良好的消费环境。消费者的长期利益、整体利益其实是社会整体利益的一部分,与经营者的正当利益并行不悖。即便消费者与经营者短期的利益确实存有冲突,也体现在个案中,具体表现为经营者的正当利益与部分消费者的利益相违背(并非消费者的整体、长期利益)。若在个案中消费者的部分利益与经营者的正当利益发生冲突,可以以反不正当竞争法所维护的社会整体利益作为解决经营者、部分消费者冲突的衡量标准。若行为损害了少数消费者或者经营者的利益,但对绝大多数消费者或经营者的长远利益有利,则此类行为不应认定为不正当竞争行为。

在具体个案中,如何平衡互联网经营者利益与消费者利益?那种认为仅从法律条文中就可以得出唯一正确结论的说法,无疑是一种幻想,真正起决定作用的当是实务部门的判断。至于在具体案件中究竟应注重甲的利益,或是应注重乙的利益,[①]必须根据案情进行各方面的利益衡量之后方可得出结论。

我们注意到,近年来多数互联网不正当竞争案件重视对消费者利益的保护。比如,在"爱奇艺诉 UC 浏览器"[②]一案中,被告开发的浏览器实现了小窗口播放模式的行为,虽然一定程度影响被访问网站之用户跳出率,然而该行为并未破坏或干扰被访问网站向消费者提供的服务,反而优化了消费者的选择

---

① [日]加藤一郎:《民法的解释与利益衡量》,梁慧星译,载梁慧星主编:《民商法论丛》(第 2 卷),法律出版社 1994 年版,第 78 页。

② 参见北京市海淀区人民法院(2015)海民(知)初字第 23773 号民事判决书。

权,故而法院支持该行为,未认定该行为构成不正当竞争。① 这表明了在互联网时代,反不正当竞争法对消费者利益的保护应当有所扩张,法官在个案中应重点分析涉诉行为对消费者利益所带来的影响,甚至对消费者利益适当倾斜。

此外,通过考察反不正当竞争法的历史渊源可知,经营者利益始终是反不正当竞争法直接且重要的保护法益,即便互联网时代对消费者利益的关注度有所提高,也不可忽视反不正当竞争法对经营者利益的保护。经营者依然得以通过商业模式、技术创新等争取竞争利益,提高竞争优势。由于反不正当竞争法反对不劳而获、不食而肥的"搭便车"行为,如经营者不当开展竞争行为、不合理侵害其他竞争者的竞争利益,必然招致竞争法的限制,即便其以技术中立、技术创新为抗辩事由,也无法获得反不正当竞争法的支持。换言之,经营者从事自由、公平竞争,以不侵害他人合法权益为边界。如其侵害了更高层次、更大范围的利益,经利益权衡之后,经营者利益应当有所让位。

需要说明的是,利益衡量的结果是对位于同位阶的两种(或多种)冲突利益择一予以优先保护,然其并非意味着可任意牺牲未被优先考虑的利益。其之所以让步并非由于其具备违法性,而是经权衡之后,被选择优先考虑的利益更契合社会整体利益。② 因此,"利益衡量具有节制的必要性,须考虑妥当的解释场合,不应是毫无节制的恣意"。③ 在互联网不正当竞争案件中,即便特殊情况下对经营者利益的考量应有所让步、有所克制,也应当选择对其损害最小的方式。

总之,以社会整体利益作为规制互联网新型不正当竞争行为的根本规制理念,可以为具体制度的构建指明方向,指引确立行为规制的标准,定好解决价值冲突的基调。互联网新型不正当竞争行为的大量爆发给反不正当竞争法带来较大的实施挑战,只有以社会整体利益观作为规制该类行为的根本理念,才能不断焕发该法的生机活力,切实发挥该法的作用,从而有效规制花样翻新的互联网新型不正当竞争行为。

---

① 类似的案件还有"合一公司诉金山案"[参见北京市海淀区人民法院(2013)海民初字第 13155 号民事判决书]、"奇虎诉瑞星不正当竞争案"[参见北京市第一中级人民法院(2011)一中民终字第 12521 号民事判决书],法官皆采取利益衡量方法分析涉诉行为的正当性。

② See Robert Alexy, *A Theory of Constitutional Rights* (translated by Julian Rivers), Oxford University Press, 2012, p.102; Robert Alexy, *On Balancing and Subsumption: A Structural Comparison*, 16(4) Ratio Juris 433、436(2003).

③ 梁慧星:《民法解释学》,法律出版社 2015 年第 4 版,第 336 页。

第五章
互联网新型不正当竞争行为的认定标准

互联网新型不正当竞争行为应以"社会整体利益"作为根本的规制理念，在此理念指导下，互联网新型不正当竞争行为应当遵循什么认定标准则是下一步需要重点探讨的问题。现有互联网新型不正当竞争行为认定标准是什么？其存在何种局限？如何克服这些局限？这些均是本部分将予以解答的问题。

第一节 互联网新型不正当竞争行为认定标准的实证揭示

课题组通过梳理所收集到的案例，并利用 SPSS 软件进行数据分析后发现，从整体上看，法官对于互联网新型竞争行为的正当性认定标准模糊且不统一，处于较为混乱的状态。具体可从判决依据、法官说理程度以及法官是否认定被告的主观恶意这几方面进行考察，数据结果如下：

表 5-1 判决依据

法官是否适用《反不正当竞争法》第 2 条进行判决

		频率	百分比	有效百分比	累积百分比
有效	是	137	56.6	68.5	68.5
	否	63	26.0	31.5	100.0
	合计	200	82.6	100.0	—
缺失	系统	42	17.4	—	—
合计		242	100.0	—	—

表 5-2　法官的说理程度

判决是否对行为为何违反了商业道德或诚实信用原则进行了详细说明

		频率	百分比	有效百分比	累积百分比
有效	是	61	25.2	33.0	33.0
	否	124	51.2	67.0	100.0
	合计	185	76.4	100.0	—
缺失	系统	57	23.6	—	—
合计		242	100.0	—	—

表 5-3　被告的主观状态

法官是否认定被告具有主观恶意

		频率	百分比	有效百分比	累积百分比
有效	是	89	36.8	46.8	46.8
	否	101	41.7	53.2	100.0
	合计	190	78.5	100.0	—
缺失	系统	52	21.5	—	—
合计		242	100.0	—	—

从表 5-1 可以直观看出,在针对此变量的 200 件有效案例中,有 63 件没有适用《反不正当竞争法》第 2 条,有效百分比只占 31.5%。而适用了《反不正当竞争法》第 2 条的案件有 137 件,有效百分比为 68.5%,所占比例超过前者的 2 倍。在 2017 年《反不正当竞争法》实施前,对于流量劫持、屏蔽广告、软件冲突等不正当竞争行为尚无明确规定,所以法官大多使用一般性条款进行规制。而在 2018 年 1 月 1 日以后起诉并判决结案的案件中,针对上文提到的三种不正当竞争行为,大多数法院可以以《反不正当竞争法》第 12 条第 4 项的兜底条款进行规制。一方面,互联网竞争手段的发展速度远超法律的修订速度;另一方面,法官评判标准不一,处理互联网案件经验不足,导致不管在《反不正当竞争法》修订前还是修订后,都是以一般性条款或兜底性条款进行判决的居多。

从表 5-2 可以看出,有 61 个案件的法官在判决中对行为为何违反了商业道德或诚实信用原则予以详细说明,占有效案件的 33%,而占有效案件 67%

的案件没有对此进行详细说明。法官在对为何违反商业道德进行说理时,主要考量因素为其他经营者利益,其中 115 个案件的法官以"超出合理限度干预他人竞争,损害其他经营者合法利益"为由对行为人担责原因进行了说明。如北京市海淀区人民法院在"北京爱奇艺科技公司诉北京极科极客科技有限公司不正当竞争案"中提到,"极科极客公司为获取商业利益,利用'屏蔽视频广告'插件直接干预爱奇艺公司的经营行为,超出正当竞争的合理限度,损害了爱奇艺公司的合法利益,违反诚实信用原则和公认商业道德,构成不正当竞争"①。此种说理方式将《反不正当竞争法》第 2 条的第 1 款、第 2 款糅合在一起,在逻辑上存在不恰之处;况且,大多数法院虽然认定被告的行为违反公认的商业道德却未对此进行详细说理,这说明法官的个人价值标准和判断仍在互联网不正当竞争行为的认定中具有重要作用。

由表 5-3 可以得出,在统计的 242 件有效案例中,有 89 个案件的法官对被告的主观恶意进行了认定,占统计案件总数的 36.8%,而法官未对被告的主观恶意进行认定的案件有 101 件,占总数的 41.7%。在主观恶意方面,法官主要针对域名类案件进行主观恶意的考察,占案件总数的一半,如域名抢注、域名混淆等行为;搜索引擎类案件次之,主要是将自己经营的产品或服务的搜索关键词设置为他人的公司、产品或服务的关键词,以此进行混淆;而在屏蔽广告的案件中,则较少对主观恶意进行认定,在 27 个屏蔽广告的案例中,仅有 8 个涉及对主观恶意的认定。造成上述情况的主要原因是,域名抢注、混淆以及搜索引擎关键词混淆等行为,属于传统不正当竞争行为与互联网结合后的变体,并无本质区别,只是混淆、抢注商标等行为在互联网领域的体现。因此,法官多半遵循传统认定方法,对行为人主观恶意进行考察。而对于屏蔽广告、爬虫协议、软件冲突等案件,认定主观恶意尚未成为审理的必要步骤或通常做法,这主要是因为屏蔽广告等类型的不正当竞争行为往往以"技术中立、消费者福利、消费者选择权"等理由作为抗辩,以洗脱自己的主观恶意,法院可能被这些抗辩理由所迷惑而忽略了对主观恶意的考察。

综上可知,在互联网新型不正当竞争案件的司法审判中,《反不正当竞争法》第 2 条所规定的"自愿、平等、公平、诚信原则和商业道德"是法官判决的主要依据。究其原因,一方面可能源于其对"竞争秩序道德化"的支持,认为竞争秩序应遵循道德精神,市场领域应最终追求公平、公正与和谐。另一方面,道

① 参见北京市海淀区人民法院(2014)海民(知)初字第 21694 号民事判决书。

德评判在很大程度上诉诸直觉,法院判决在说理过程要求不高的情况下,其操作简便迅捷。然而,法官在适用道德框架评价竞争行为的正当性时,并未对道德标准作深入准确的涵摄,而是笼统地指出行为人的动机应受谴责。当司法工作人员用道德框架去限定竞争模式时,"道德观念"潜移默化地让法官专注于对行为动机的考察。

第二节　互联网新型不正当竞争行为认定中道德标准的局限性

随着互联网经济的发展,互联网新型不正当竞争行为的行为类型在不间断地重塑,与《反不正当竞争法》中既有的不正当竞争行为类型之间的落差只能通过互联网专条的兜底条款与总则中的一般条款加以弥补。审判实践中,对一般条款的解读思路,强调以是否符合"商业道德"作为竞争行为正当性的标准。绝大多数援引一般条款的判决,都力求证明一种行为是不诚实、不道德,同时也必须为法律所禁止,这种判决依据显然旨在诉诸一种道德标准。[①]当竞争行为发展到互联网领域,其原有的道德标准已无法完全适应。

一、互联网自身特性导致难以寻求道德共识

互联网自身特性导致难以寻求道德共识,首先体现在互联网的注意力竞争特性。在信息爆炸的网络空间,用户的注意力越来越成为一种稀缺资源。互联网企业通过改善经营或者提高服务质量,竞相争取此种资源,然后将其转化为利益。将用户的注意力资源转化为互联网企业利益的方式有两种:一是针对用户开发增值服务,获取利润,比如腾讯公司通过游戏和 VIP 服务收取费用;二是将获取的注意力卖给有需求的人,例如搜索引擎商的竞价排名。在争夺用户注意力的过程中,为了吸引更多用户的关注从而获得更多的利润,"免费"成为多数互联网企业的重要策略。在零价竞争大量存在的环境下,为吸引更多用户的关注,互联网企业的竞争方式和手段不但花样百出,而且越来越中性化,越来越难以运用道德标准进行评价,道德与非道德的界限越发模

---

①　蒋舸:《〈反不正当竞争法〉一般条款在互联网领域的适用》,载《电子知识产权》2014 年第 10 期。

糊。例如,在"优酷诉猎豹浏览器拦截广告不正当竞争纠纷"案①中,通过猎豹浏览器登录优酷网时,用户可以选择屏蔽优酷网站的广告,猎豹提供这种功能给用户,虽然可以方便用户观看视频,节省用户看广告的时间,但对优酷的经营活动造成严重影响。优酷如果难以从广告中继续获得收益,就难以继续为互联网用户提供免费的视频服务。但是,由于猎豹浏览器打着节约用户时间、增进消费者利益的幌子,在"用户为王"的互联网环境下,对猎豹浏览器的此种行为进行道德评价显得更加困难。

其次,体现在互联网技术特性造成道德指引性受限,难以寻求道德共识。在互联网领域,技术扫清了众多传统市场中的物理屏障,为竞争者敞开了无限的行动可能。当物理界限不复存在时,法律的界限变得尤为必要。《反不正当竞争法》的根本目的不但在于救济,而且在于预防。如果道德标准的适用传递给市场参与者的信息是让他们更多地思考自己的行为是否符合道德,基于互联网领域道德标准的模糊性,这既无助于市场参与者预判自己突破传统道德的行为是否能获得法律的肯定,也无益于引导他们采取符合社会最需要的行为。道德感很难在追求正义时划清模仿自由与"搭便车"的边界,区分普通链接和深度链接之间的不同。在具有很强技术性的互联网领域,道德的解释力和指引力备受限制,难以担当划定互联网领域行动自由界限的重任。

二、互联网领域道德自身难以形成统一标准

道德具有滞后性,道德标准的确立,以反复的实践为前提,最终表达的是长期互动形成的均衡。② 常常是在客观社会已经接纳了某种利益格局之后,人们才从主观角度对格局背后的道德表述予以追认。商业实践同样遵循这一原则,从合理的个案上升为普适的原则,到最后获得道德的认同,通常需要漫长的过程。互联网领域中的竞争者唯有不断尝试、持续创新,才能求得一席之地。当每个竞争者时刻考虑的都是重新整合资源、突破既有格局、创造新型模式时,难以为具体道德标准的形成提供稳定的环境。在互联网环境下,并非每一项行为的背后都有可资评测的既成市场道德框架。道德本身是流变的,只不过在流变更为缓慢的环境中尚可起到指引作用。如果在流变速度更快的互

---

① 参见北京市海淀区人民法院(2013)海民初字第 13155 号民事判决书。

② 蒋舸:《〈反不正当竞争法〉一般条款在互联网领域的适用》,载《电子知识产权》2014 年第 10 期。

联网环境中,具有滞后性的道德并非评判不正当竞争行为的最佳工具。① 新型竞争模式下,假道德之名作出的"所谓解释只是各取所需的礼貌说法而已",而结论也不过是令人难以捉摸的"执拗的道德直觉"。②

当法官以"商业道德"来对互联网新型不正当竞争行为进行裁判时,由于互联网市场未形成可靠的道德评判标准,法官在决策时往往受个人道德感支配,最终竞争行为正当性判定的决定因素将被法官的个人直觉所支配。③ 在司法实践中,部分法官在援引行业规则认定抽象的商业道德时,在未评判行业规则是否"良好"的前提下,径直将行业规则援引至案件中认定商业道德,未免过于草率。④ 虽然行业规则在大多数情况下会促进行业的良性发展,但有时也会阻碍竞争。⑤ 公认的行业规则或惯例的内容并不必然是合法与公正的,有些甚至是潜规则或恶俗。⑥ 草率援引行业规则作为商业道德并以其作为证明判定市场竞争行为正当性的规则,其判定结果容易引发一些争议。

综上所述,由于互联网新型不正当竞争行为复杂多变,互联网领域公认的商业道德与商业惯例共识无法及时达成,通过传统反不正当竞争法的道德解读难以提炼出明确的判断标准。加之互联网行业商业道德标准的多元化和滞后性的特征,与竞争规则所需要的普适性和竞争活动具备的进化性格格不入,⑦必然造成法官利用《反不正当竞争法》一般条款认定互联网新型不正当竞争行为时存在不统一、不规范现象。这种做法灵活性有余、确定性不足,极端情形下甚至可能蜕化为一种被马克斯·韦伯称之为"卡迪司法"的司法擅断现象,⑧不利于维护互联网行业竞争秩序。

---

① 蒋舸:《〈反不正当竞争法〉一般条款在互联网领域的适用》,载《电子知识产权》2014 年第 10 期。

② 谢晓尧:《竞争秩序的道德解读——反不正当竞争法研究》,法律出版社 2005 年版,第 57 页。

③ 蒋舸:《〈反不正当竞争法〉一般条款在互联网领域的适用》,载《电子知识产权》2014 年第 10 期。

④ 黄勇:《论互联网不正当竞争的新边界》,载《电子知识产权》2015 第 2 期。

⑤ Helmut KÖhler, *Beck' Liche Kurze Kommentar-Ge-Setz Gegen Den Unlauteren Wettbewerb*, Munich:C.H.Beck Verlag,2008,p.20.

⑥ 范长军:《行业惯例与不正当竞争》,载《法学家》2015 年第 5 期。

⑦ 蒋舸:《关于竞争行为正当性评判泛道德化之反思》,载《现代法学》2013 年第 6 期。

⑧ 马克斯·韦伯:《中国的宗教:宗教与世界》,康乐、简惠美译,广西师范大学出版社 2004 年版,第 157 页。

第三节　互联网新型不正当竞争行为认定中竞争机制标准的提出

互联网新型不正当竞争行为中道德标准具有一定的局限性，难以对竞争行为作出正确的评价。是故，需要寻求一种更加合理、可行的竞争行为认定标准，以规范互联网行业市场竞争秩序。将竞争机制引入互联网不正当竞争行为的认定中，不失为一种可以考虑的选择，对此将对竞争机制进行界定和正当性分析。

一、竞争机制的界定

竞争机制是指在多个竞争者参与市场交易的前提下，为了争取有限资源以达到一定目标，市场主体互相作用，共同决定价格、市场、盈亏，并最终在竞争者之间产生优胜劣汰的一套市场运行方法。概言之，竞争机制是对企业之间采取的竞争行为以及竞争结果的总称。

在传统行业，竞争发生在生产相同产品或提供相同服务的经营者之间，竞争机制体现为以"高质量、低价格"的方式展开竞争，竞争者以最高的质量和最低的价格提供商品和服务，从而获得竞争的胜利。传统市场竞争的关键环节表现为经营者向消费者传递"质量—价格比"的比较优势信息。[①] 信息传导的内容极具广泛性，包括自身或竞争对手商品或服务的物理形态、包装装潢、交易条件、售后服务等足以影响消费者对商品和服务进行评价的因素。经营者所传递的"质量—价格比"的比较优势信息对于企业获得竞争胜利具有关键性影响。

在互联网行业，竞争机制的运行方式发生了变化：第一阶段，企业通过分析消费心理，挖掘消费需求，主动对市场做出反应。在这一阶段，企业的商业创意和产品的异质能力起关键作用。企业的目标是进入市场，吸引消费者注意力以获取初步用户基数。第二阶段，企业行为的重点在于采用策略培养用户使用习惯，扩大用户基础，力图建立用户沉淀。在产品的内容、功能和商业

---

①　王红霞：《竞争正当性的一般标准——交易实现机制的视角》，载《求索》2008 年第 6 期。

模式上不断改进,利用互联网产品所具有的外部性达到发挥产品正反馈效应的临界容量,从而获得竞争优势。企业在这一阶段的目标是扩大并稳定用户基数,提升其竞争能力。第三阶段,用户接受度达到一定范围,并且企业将在用户市场获得的竞争优势转移到增值服务市场和广告市场,此时企业获得健康、长足的发展模式。

二、互联网新型不正当竞争行为适用竞争机制标准的正当性分析

(一)符合我国《反不正当竞争法》立法宗旨

现代市场经济的发展表明,竞争具有"两面性":一方面,竞争促进技术进步,刺激消费需求,调节资源配置,促进企业优胜劣汰,增进社会福利;另一方面,竞争主体的"经济人"本性使其在追逐私利的同时,损害他人利益。[①] 这种竞争的"负外部性"已不能依靠企业的自我约束,而是需要法律进行规制。我国《反不正当竞争法》正是这样一部以维护市场竞争秩序为宗旨的法律,在第1条对立法宗旨作了明确的规定:"为了促进社会主义市场经济健康发展,鼓励和保护公平竞争,制止不正当竞争行为,保护经营者和消费者的合法权益,制定本法。"可见,反不正当竞争法保护的利益具有社会性和公共性,强调了法律维护市场竞争秩序的功能定位。

《反不正当竞争法》作为一部竞争秩序维护法,起到"纠正偏差"的作用,其通过确认哪些市场行为是不正当竞争行为,以及行为对竞争带来的损害,然后采用追究法律责任的方式来纠正这种行为,使市场竞争回到既定的轨道上,使社会公共利益得到维护,从而也使受损害的私权从根本上得到救济。[②] 同时,《反不正当竞争法》作为行为规制法而非权利保护法,其对某一类竞争行为进行规制,核心原因只能是该行为破坏了市场竞争秩序,因而将"是否破坏互联网行业竞争机制"作为认定互联网新型不正当竞争行为认定的标准符合《反不正当竞争法》的宗旨。

(二)契合域外一些国家《反不正当竞争法》立法目的

域外一些国家的反不正当竞争法对该法维护市场竞争的立法目的进行了明确表述。2004 年,德国《反不正当竞争法》的修改被视为反不正当竞争法的

---

① 金碚:《竞争秩序与竞争政策》,社会科学文献出版社 2005 年版,第 277 页。
② 徐士英:《互联网行业竞争行为的法律适用》,载《中国版权》2014 年第 3 期。

"革命",修改后的德国《反不正当竞争法》将其立法目的由"保护善良风俗"改为"维护非扭曲竞争中的公共利益"。[①] 在判断行为正当性的标准上,新的一般条款以"不正当"的概念取代了已经陈旧并且容易引起误解的"善良风俗"概念。德国司法实践和学术界一直认为,判断市场竞争行为正当性的核心是竞争制度的规律是否被扭曲,即是否与未扭曲的竞争(即充分自由、公平竞争)制度的规律一致。西班牙1991年、瑞士1986年《反不正当竞争法》将立法目的的表述为"保护公平和不受扭曲的竞争",这意味着对反不正当竞争法的宗旨进行了功能上的界定。反不正当竞争法最终立足于维护和促进健康的竞争机制,对破坏竞争机制的行为予以打击。对于不符合或者破坏这种竞争机制的市场竞争行为,应当认定为不正当竞争行为。

因此,在认定互联网行业竞争行为的正当性时,相对于道德标准的模糊性和流变性,竞争机制标准更具有确定性和稳定性。竞争机制标准抛弃了以行为人的主观意图为参照系的"善恶"判断,而采取了以维持竞争功能为目标的"对错"判断。司法实践中,相对于法官以朴素的正义观对行为正当与否进行宽泛认定,竞争机制标准更能够符合竞争规则,契合市场需求。竞争机制标准更是以其明确的指引性,告诉竞争者其行为是否会为竞争法所禁止。

第四节　互联网新型不正当竞争行为认定中竞争机制标准的适用

在互联网新型不正当竞争行为认定中引入竞争机制标准后,需要进一步考虑竞争机制标准的适用问题。其中包括竞争机制标准的具体展开和不正当竞争行为的认定问题,这些关涉到是否能够准确对互联网新型不正当竞争行为定性。

一、竞争机制标准的具体展开:业绩竞争

互联网领域的竞争机制具有以下几个方面的特质:其一,强调差异化竞争,竞争的自由度较高;其二,强调业绩竞争;其三,消费者的主导性增强。在这三个特质中,业绩竞争对竞争机制的运行起关键作用。互联网行业竞争机

---

① 范长军:《德国反不正当竞争法研究》,法律出版社2010年版,第110页。

制运行的"三阶段"顺利开展本质上离不开对业绩竞争的要求,每个竞争者都依赖产品或服务的优良用户体验进入市场或扩大用户基数,以提升竞争能力或最终获得竞争优势。在这个过程中只有开展业绩竞争,才更符合竞争机制的运行。不正当竞争行为的共性是其开展的均为非业绩竞争,即不依靠自身产品和服务的差异性或用户体验上的成就,而是通过虚构业绩(自己的或他人的)或者阻碍竞争对手向消费者展示业绩,误导网络用户,获得竞争上的成功。因而在互联网环境下,也应当以是否开展业绩竞争作为判断竞争行为正当性的根本准则。

二、业绩竞争下互联网新型不正当竞争行为的认定

以业绩竞争展开对互联网新型不正当竞争行为的认定需要遵循以下逻辑:首先,虚构业绩直接构成不正当竞争行为,不真实地声称有关自己或其他经营者的经营活动的信息直接构成对市场竞争的损害。其次,虚构业绩之外的其他行为,判断其正当性时应当考虑行为是否构成对业绩竞争的损害。业绩竞争对经营者的竞争行为提出硬性要求,即依靠自身产品或服务的差异性或用户体验上的成就来获取竞争优势。业绩竞争在某种程度上为经营者划定了一个正当的经营活动范围,经营者不逾越这个范围,那么互联网市场竞争就能有序开展。业绩竞争实质上是限定经营者的竞争行为试图保证市场参与主体的竞争利益。在业绩竞争划定的这个范围内,经营者、消费者以及社会公众均能从"未扭曲的竞争"中实现竞争利益的最大化。

(一)业绩竞争下虚构业绩行为

在业绩竞争标准下,虚构业绩本身构成不合法的商业行为,无须再根据具体情况进行价值衡量。虚构业绩包含两类:其一是虚构自己的业绩;其二是虚构其他竞争者的业绩。这两类行为均是对网络用户产生误导作用,直接关系到网络用户的选择自由。第一类行为涉及欺骗性交易,第二类行为则与商业诋毁相关联。在司法实践中,第二类行为较为常见。例如,"北京奇虎科技有限公司诉北京金山安全软件有限公司、贝壳网际(北京)安全技术有限公司等不正当竞争纠纷案"[①]中,金山电池医生软件弹出"安全预警360旗下全线产品被苹果APP Store封杀,据媒体报道是360涉嫌偷窃用户隐私所致"内容的

---

① 参见北京市第一中级人民法院(2010)一中民初字第10831号民事判决书。

对话框,北京市一中院最终认定该行为构成商业诋毁。

(二)业绩竞争下市场参与者所享有的"非扭曲竞争利益"

业绩竞争要求经营者依赖于其产品或服务的高差异度和优良的用户体验获得竞争优势。在业绩竞争中,互联网行业经营者、消费者(网络用户)、社会公共利益从"非扭曲竞争"中获得利益的最大化。业绩竞争作为互联网环境下竞争机制的最佳运行状态,对其的保护并不是抽象的。对业绩竞争之保障,以竞争者为中心出发,既要保障其对水平层面的其他竞争者享有行动自由和决策自由,也要保障其对产业链垂直层面的上游供应商和下游消费者(网络用户)享有行动自由和决策自由。① 在业绩竞争环境下,经营者、消费者、社会公众所享有的竞争利益都是业绩竞争保护的载体。

首先,对经营者利益的保护。在互联网行业创新驱动发展战略的指引下,更多的是让每个人都有创新的机会,所以对权利保护应非常谨慎,除非该主体有明确法律规定的权利。因而对经营者利益的保护范围仅仅是"非扭曲竞争中的利益"。

在反不正当竞争法中,对经营者的保护是一种个体保护,只有直接受到侵害的经营者才享有要求排除妨害、赔偿损失等权利。反不正当竞争法所保护的经营者利益,是指获得并维持作为竞争展开前提条件的经营、竞争不受阻碍地展开的可能性以及因此而获得市场机会的可能性,是一种竞争利益。在业绩竞争下,经营者享有自由竞争的权利,能够通过提升产品或服务的质量获取商业回报,具体体现为自由竞争、自由发挥经济能力和在市场上不受阻碍地展示其成果。但互联网新型不正当竞争行为侵害了经营者所享有的上述权利。互联网新型不正当竞争最初是作为业绩竞争的对立面提出来的。业绩竞争作为积极的竞争方式,是指以自己的业绩作为手段来促进自己产品的销售;而互联网新型不正当竞争作为消极的竞争方式,通过利用互联网技术,阻碍其他竞争者来推广自己的产品或服务。当然,并非互联网经营者所实施的所有妨碍或排挤竞争者的手段都是实质损害竞争的手段。妨碍或排挤其他竞争者是经济竞争的天然本质,也是竞争不可避免的结果。唯当经营者的竞争手段具有不正当性,并且该竞争手段使竞争者的业绩在市场上不能或不能完全实现,方具有违法性。

---

① Harte Bavendamm, Henning Bodewig, *UWG*, Muenchen: C. H. Beck, 2009, pp. 143～145.

　　互联网经营者实施的不正当竞争行为可以发生在竞争过程的不同环节。根据产业组织理论,竞争者开展业绩竞争遵循"竞争进入—竞争能力—竞争结果"的逻辑顺序。[①] "竞争进入"是指企业进入市场,是企业参与市场竞争的前提。传统行业中,影响企业"竞争进入"的因素是行业进入壁垒的存在。在互联网环境下,互联网产业的高技术性和创新型特征使互联网行业进入壁垒得到最大幅度的降低,企业进入市场的自由度被扩大。在"竞争进入"这个环节,互联网经营者可能通过实施一些恶意不兼容行为而限制一些竞争对手进入特定的领域展开竞争。2017 年《反不正当竞争法》第 12 条第 2 款第 3 项所规定的互联网经营者"恶意对其他经营者合法提供的网络产品或者服务实施不兼容"就属于这种妨碍竞争者"竞争进入"的情形。例如终端软件在运行过程中,故意给其他终端软件设置障碍,妨碍用户安装其他终端软件,使其他终端软件不能进入市场参与竞争。"竞争能力"是指企业为获取竞争优势地位而采取一系列竞争策略与其他企业相竞争的能力。2017 年《反不正当竞争法》第 12 条第 2 款第 2 项所规定的互联网经营者"误导、欺骗、强迫用户修改、关闭、卸载其他经营者合法提供的网络产品或者服务"就属于妨碍竞争者竞争能力提高的情形。例如干扰或破坏其他产品或服务的运行,对特定信息进行屏蔽或拦截。"竞争结果"是指企业通过竞争能力的提升获得更多用户选择其产品或服务。2017 年《反不正当竞争法》第 12 条第 2 款第 1 项所规定的互联网经营者"未经其他经营者同意,在其合法提供的网络产品或者服务中,插入链接、强制进行目标跳转"就属于这种影响竞争结果的情形,这种行为属于互联网经营者将本该属于其他经营者的流量通过不正当的手段截取。

　　互联网新型不正当竞争行为虽然可能发生在竞争过程的多个环节,但在实践中,主要有两种情形:第一,更改竞争者的产品或服务的内容以进行流量劫持。在 2013 年"百度网讯有限公司诉奇虎科技公司'恶意插标'"案[②]中,北京一中院认为:"被告 360 安全卫士未经原告许可,在原告网站搜索结果页面任意插入标志,改变了原告向用户提供的内容,其行为应被法律禁止。"即法院认为更改用户的产品或服务内容的行为构成阻碍竞争,应为反不正当竞争法所禁止。第二,干扰竞争者的经营。在实践中典型表现为利用技术手段对视

---

　　① 张占江:《不正当竞争行为的认定的逻辑与标准》,载《电子知识产权》2013 年第 11 期。

　　② 参见北京第一中级人民法院(2012)一中民初字第 5718 号民事判决书。

频播放中的广告进行拦截,由此引发的不正当竞争之诉在我国司法实践中并不鲜见。2013年北京市海淀区人民法院受理并判决的"优酷诉金山猎豹浏览器不正当竞争案"①即为其中一例,北京市第一中级人民法院最终判定金山公司不正当竞争的事实成立。由于"广告＋免费"模式已广泛应用于我国互联网视频服务行业中,开发专门软件屏蔽其他视频服务商的广告构成典型的阻碍竞争行为。

屏蔽广告的不正当竞争纠纷案件在国外早有先例。在2004年德国"Paramount pictures Corp v.Replay TV案"中,Replay TV是一家电视服务商,被告Paramount pictures Corp是一家设备生产商,原告以被告生产的设备屏蔽电视广告,破坏原告的商业模式为由起诉被告。法院最终判决驳回原告起诉,认为屏蔽行为有一般性市场阻碍,这种屏蔽行为并没有完全阻碍电视企业的生存之道,企业可以通过改善客户的关系,改善广告的方式来谋取利益。由此观之,法院认为被告的市场阻碍并没有大到足以通过司法手段进行规制的程度。国外的判例与我国的判决大相径庭,争议点在于行为人的行为是否必须对其他竞争者造成足够大的市场阻碍,才能认定行为的不正当性? 对此持否定态度,只需要有阻碍竞争的可能性,而不需要有阻碍竞争的实际结果发生,就构成了市场阻碍。②

概言之,对业绩竞争的保护首先反射到对互联网经营者在"未扭曲竞争中的利益"的保护,侵害这种利益的行为非业绩竞争,受到反不正当竞争法的禁止。侵害互联网经营者"非扭曲竞争中的利益"的行为主要表现为阻碍竞争的行为,并且只需要有阻碍竞争的可能性,而不需要有阻碍竞争的实际结果发生,就构成了市场阻碍。按照竞争开展的逻辑,阻碍竞争的行为可以发生在竞争进入、竞争能力的提升、竞争结果的展示三个环节,主要有两种表现形式:其一是更改竞争者的产品或服务的内容;其二是干扰竞争者的经营,干扰经营者的行为又集中体现为对广告的阻碍。

其次,对消费者利益的保护。竞争本身就是一个指向消费者的过程,竞争的核心是如何吸引消费者。互联网环境下,消费者与经营者之间的相互作用比传统市场更加强烈,消费者在竞争机制的运行中扮演了更加重要的角色,使消费者利益在不正当竞争行为的判断中具有独立的价值。但值得注意的是,

---

① 参见北京市海淀区人民法院(2013)海民初字第13155号民事判决书。
② 范长军:《德国反不正当竞争法研究》,法律出版社2010年版,第164页。

反不正当竞争法对消费者的保护应该是一种集体保护,而不是个体保护,消费者个体对于不正当竞争行为不享有排除妨碍与不作为请求权,也不享有损害赔偿请求权,只有消费者团体才享有排除妨害与不作为请求权以及损害赔偿请求权。

业绩竞争不仅对经营者之间的竞争行为树立了行为准则,也为经营者指向消费者的行为划定了界限。理论上,一种良好竞争机制的运行对消费者的处境会产生两种效果。直接后果是赋予消费者更多的选择、拥有寻求多个交易者的可能性,消费者从中选择出最合乎自己需要的一个。间接后果从直接后果中得来,由于选择机制,某个经营者的产品被消费者选中,其他企业的产品则可能会被淘汰。为了避免被淘汰掉,经营者就会试图改善其产品或服务的质量。①

在"经营者—消费者"之间的竞争互动模式中,业绩竞争对经营者的保护限于对其竞争利益的保护,业绩竞争对消费者的保护仍围绕其在"未扭曲的竞争"中所享有的利益,体现为对其自主选择权和知情权的保护。这一点将反不正当竞争法对消费者权益的保护与消费者权益保护法对消费者权益的保护区别开来。

目前学界对受《反不正当竞争法》保护的消费者利益的探讨,主要集中于消费者整体的知情权与自由选择权。如谢兰芳博士将互联网不正当竞争行为侵害消费者利益的典型表现归纳为以下三点:第一,侵害消费者的决定自由,包括直接干扰消费者选择和间接干扰消费者选择。第二,误导消费者,包括对商品做片面化的宣传或对比、将科学上未定论的观点和现象等当作定论的事实用于商品宣传、以歧义性语言进行商品宣传。第三,"搭便车"行为对消费者利益的侵害。② 其中第一点属于对消费者选择权的侵害,后两点则是对消费者知情权的侵害。杨华权博士亦曾提到,《反不正当竞争法》保护下的消费者利益,一般限于消费者整体的知情权与自由选择权。③ 其中,知情权保护消费者做出选择时所必然具备的基本条件,选择权保护消费者做出正确交易决定

---

① 〔比〕保罗·纽尔:《竞争与法律——权力机构、企业和消费者所处的地位》,法律出版社 2004 年版,第 12～13 页。

② 谢兰芳:《论互联网不正当竞争中消费者利益的保护》,载《知识产权》2015 年第 11 期。

③ 杨华权、郑创新:《论网络经济下反不正当竞争法对消费者利益的独立保护》,载《知识产权》2016 第 3 期。

的过程不受侵犯。[①] 2017 年《反不正当竞争法》第 12 条亦是围绕消费者的知情权和自由选择权,对行为加以类型化。同时应当注意,互联网消费者知情权与自由选择权所受侵害,可能表现为一种隐性侵害,不易被察觉、发现并识别。

以业绩竞争为标准,对互联网消费者利益的保护主要体现在以下两个方面:

其一,消费者作出选择决定的基本条件——信息的真实性和不受误导。市场作为买卖双方加以活动及场合的集合,充斥着各种信息。对于能否成功交易,产品或服务质量是理所当然最重要的信息。只有当信息尽可能对称时,交易才能顺利无障碍地进行。在互联网市场,消费者的质量信息比传统市场更加有限,使消费者无从得知是否存在产品或服务隐患和后台操作风险。因而,在互联网竞争中,出现以"散布不实信息"为特征的行为,如自我标榜、诋毁同行等,这一类行为较多出现于安全软件领域。例如,"北京奇虎科技有限公司诉北京金山安全软件有限公司、贝壳网际(北京)安全技术有限公司等不正当竞争纠纷案"[②]中,北京市一中院最终认定金山电池医生软件弹出"安全预警 360 旗下全线产品被苹果 APP Store 封杀,据媒体报道是 360 涉嫌偷窃用户隐私所致"内容的对话框的行为构成商业诋毁。在没有足够的证据支撑下,发布关于其他经营者的负面信息均被视为虚假信息,此类信息可能对消费者选择何种产品或服务产生影响,这种影响力是建立在不实信息基础之上,消费者作出选择的基本条件遭到破坏。

其二,消费者作出选择决定的过程——自由不受阻碍。在互联网竞争中,消费者对选择使用何种产品或服务应完全享有自由选择的意志。违背消费者自由意志,阻碍其选择的竞争行为是不正当的。值得注意的是,侵害用户的选择自由,只需要具有影响选择的可能性,不需要发生影响选择的实际后果。这种阻碍有两种表现形式——直接阻碍和间接阻碍。直接阻碍是指强迫消费者使用自己的产品或服务,或不使用其他竞争者的产品或服务。例如,未告知用户或未经用户允许的情况下,在用户计算机或者其他终端上强制安装软件或难以卸载。再如,引导、误导用户,甚至未经用户许可,卸载或阻碍其他软件的运行。

---

① 杨华权:《消费者同意的计算——兼评"非公益必要不干扰原则"》,载《电子知识产权》2015 年第 4 期。

② 参见北京市第一中级人民法院(2010)一中民初字第 10831 号民事判决书。

经营者对消费者自由选择意志的间接阻碍，是指经营者不直接干扰消费者的选择过程，而是通过隐蔽的技术手段，达到自己的竞争目的。最典型的间接阻碍行为是"搭便车"行为，在"百度网讯有限公司诉奇虎科技公司不正当竞争纠纷"案中，原告诉称被告改变了原告网站在其搜索框中的下拉提示词，引导用户访问与搜索结果无关的被告经营的影视、游戏等页面，被告的行为构成不正当竞争。法院认为："被告利用原告百度搜索高访问量，在搜索框中插入了与用户设置的搜索方向关联性很小的下拉提示词，引导用户访问本不在相关关键字搜索结果中靠前位置的，甚至与用户搜索目的完全不同的被告的影视、游戏等页面，进行获得更多的用户访问量，以便谋取不正当的利益，属于明显的搭便车行为。"[①]在"百度诉搜狗不当设置垂直搜索内容"案中，搜狗公司在用户使用的搜狗手机浏览器中嵌入百度搜索框，并改变了百度搜索框的下拉提示词内容，在用户点击下拉提示词后，进入搜狗公司提供的搜索服务页面。法院判决认为："在顶部栏左侧为百度图标的前提下，却显示搜狗信息公司、搜狗科技公司提供的垂直结果和搜索推荐词的设置方式会引起相关公众的混淆，构成不正当竞争行为。"[②]在司法实践中，通过造成混淆，让用户对服务来源产生错误的认识，是典型的"搭便车"行为，用户无法使用原本想使用的服务，实质上违背了用户的自由选择意志，侵害了用户的自由选择权利，这种"搭便车"行为也就被认定为不正当竞争行为。

71

---

① 参见北京第一中级人民法院(2012)一中民初字第5718号民事判决书。
② 参见北京知识产权法院(2015)京知民终字第557号民事判决书。

第六章
互联网新型不正当竞争行为的具体认定规则

通过对互联网新型不正当竞争行为现有规制理念与认定标准的详尽分析,本书认为应确立以"维护社会整体利益"为核心的不正当竞争行为规制理念,选择以是否破坏竞争机制作为行为认定标准,以弥补传统"商业道德"作为不正当竞争行为认定标准的局限性。本部分拟对当前法院审理互联网新型不正当竞争案件中较为突出的几类行为进行论述和研究,并试图提出具体的规制规则,力求将保护社会整体利益的规制理念、竞争机制的认定标准应用于法律实践之中,进而构建较为完善的互联网新型不正当竞争行为法律规制体系。

第一节 互联网新型不正当竞争行为认定概况

本部分首先分析互联网新型不正当竞争行为的认定特点,以期为下文认定规则的提出作铺垫。

一、互联网新型不正当竞争行为的认定特点

互联网新型不正当竞争行为的认定,目前尚未形成普适性标准。即便是经法律明确列举的禁止类型,各法域之间在认定方面也不完全一致。因为这种认定更多是建立在事实和法律评价的基础之上,针对个案进行价值判断和利益平衡的结果。随着竞争规律认识的逐渐加深,以及对法院认定思路的梳理总结,发展出一套具有普适性的判断标准是可行的。当前互联网新型不正当竞争行为的认定呈现以下特点。

(一)行为认定具有复合性

互联网新型不正当竞争行为认定的复合性主要体现在两个方面。其一,

影响重大的互联网新型不正当竞争案件大多涉及多个不正当竞争行为。以"3Q 大战"为例,360 先通过诋毁 QQ 软件侵犯用户隐私,进而推出专门针对 QQ 的"隐私保护器"以及升级版的"扣扣保镖"产品,其行为既涉及诋毁商誉和破坏软件完整性问题,又构成"搭便车"以推广自身产品的行为,是典型的复合型不正当竞争案件。其二,互联网新型不正当竞争行为的认定不能仅考虑行为本身,而需结合互联网特殊商业模式进行综合考虑。由于互联网商业模式的特殊性,业务方面没有交叉关系的企业产生竞争的情形时有发生。比如,视频播放软件与浏览器,看似分属完全不同的两个领域,但若视频播放软件以吸引或锁定用户的方式通过增值服务和广告来获取收益,而浏览器阻碍了此种功能的实现,依然有可能被认定为不正当竞争。

(二)传统认定标准仍能适用

目前司法实践中对于发生在互联网领域,且被《反不正当竞争法》第二章明确列举的具体不正当竞争行为,即传统不正当竞争行为在互联网环境下延伸的行为,可以对现有法律规范扩大解释予以延伸规制,该类行为突出表现为互联网商业诋毁和虚假宣传。具体而言,互联网领域商业诋毁行为是以互联网为工具,通过网络发布诋毁竞争者的内容,或进行软件恶意提示的行为。互联网领域的虚假宣传行为指以互联网为虚假信息宣传平台的虚假宣传行为。与传统的商业诋毁和虚假宣传行为相比,互联网领域商业诋毁和虚假宣传行为在本质上并无变化,只是由于依托互联网平台,其内容与传播途径发生了改变,信息传播更迅速、影响范围更广。对于此类行为,法官可以直接适用《反不正当竞争法》第二章中具体不正当竞争行为认定标准进行认定,司法实践中认定标准并未出现太大冲突,因而适用传统行为认定标准现实可行。

(三)行政管理与行业自律助推行为认定

除司法审判之外,互联网新型不正当竞争认定在行政管理和行业自律方面也进行着积极探索。比如互联网协会为规范企业行为,制定了《中国互联网行业自律公约》(2004 年)和《互联网服务统计标准第一部分:流量基本指标》(2011 年)等行业内部自治公约。这些文件虽无法律强制力,但为行政部门和司法机关在事实认定方面提供了参考,同时也可以规制企业的行为,维护竞争秩序。2011 年 8 月 1 日,中国互联网协会组织企业签署《互联网终端软件服务自律公约》,包含保护用户合法权益、禁止强制捆绑、禁止软件排斥和恶意拦截、反对不正当竞争、安全软件不得滥用其安全服务功能等内容。同年 12 月

29 日,工信部在广泛征求相关企业意见的基础上,出台了《规范互联网信息服务市场竞争秩序若干规定》,主要从三个层面规范互联网竞争行为:尊重消费者的知情权和选择权;不得干扰他人软件运行;安全软件的评测行为要客观严谨。从反不正当竞争法的宏观视角来看,无论是工信部的规章还是行业协会的自律公约,都是从"非法行为禁止"的角度进行规定,制定过程中广泛征求企业和法律专家意见,较好地体现了民主性及科学性。行政管理与行业自律规范的不断完善,进一步拓展了互联网新型不正当竞争行为的认定依据。

二、司法认定中对互联网新型不正当竞争行为的分类

经上述分析得知,借助互联网平台实施的传统不正当竞争行为可直接援引《反不正当竞争法》第二章的具体条款予以规制,故本部分重点对已形成案件群的互联网新型不正当竞争行为归类分析,并针对其各自遇到的具体问题进行探讨,根据前述应当把握的标准来进行实际检验以确定标准的可行性。

表 6-1　互联网新型不正当竞争案件行为统计

		频率	百分比	有效百分比	累积百分比
有效	域名类	63	26.0	30.6	30.6
	链接类	7	2.9	3.4	34.0
	软件冲突类	20	8.3	9.7	43.7
	搜索引擎类	58	24.0	28.2	71.8
	robots 协议	2	0.8	1.0	72.8
	屏蔽广告	27	11.2	13.1	85.9
	未经许可使用他人数据库	4	1.7	1.9	87.9
	其他	13	5.4	6.3	94.2
	综合	12	5.0	5.8	100.0
	合计	206	85.1	100.0	—
缺失	系统	36	14.9	—	—
合计		242	100.0	—	—

由表 6-1 可以看出,经过统计的 242 件互联网新型不正当竞争案件中,有 63 件与网络域名相关,占案件总数的 26.0%;有 58 件与搜索引擎相关,占案

件总数的 24.0%;有 27 件与屏蔽广告相关,占案件总数的 11.2%;软件冲突类不正当竞争行为有 20 件,占案件总数的 8.3%;网络链接类、Robots 协议和未经许可使用他人数据库的案件分别有 7 件、2 件和 4 件,分别占案件总数的 2.9%、0.8%和 1.7%。

此处需要说明的是,有关域名的案件虽然较多,但此类案件争议较小,这主要源于法官审判此类案件有比较充分的法律依据。例如《中国互联网络域名注册暂行管理办法》《中国互联网络域名注册实施细则》《中国互联网络信息中心域名争议解决办法》等,这些法规是目前我国对于域名注册、管理、撤销等方面的主要法律依据。因此,本书在该部分不再对与域名相关的不正当竞争案件进行更为详尽的论述,而将视野置于更有争议的软件冲突类、搜索引擎类、屏蔽广告类等不正当竞争行为中,以期为更好地审判此类案件提供借鉴。

(一)软件冲突类不正当竞争行为

一般来说,软件冲突是用户在运行计算机程序,尤其是安全软件运行程序时发生的正常现象。若软件冲突超出了正常范围,则可能属于恶意软件冲突,从而构成不正当竞争。软件恶意冲突是软件商之间出于竞争目的,故意给对方(尤其是竞争对手)的软件设置障碍,进行不真实的风险提示、默认卸载等干扰其他软件正常使用、损害其商誉的行为。主要包括默认卸载和提示卸载两种形式。提示卸载又包含两种情形:一是故意利用技术手段使软件之间事实上不兼容从而提示用户卸载;二是对其他软件作虚假说明从而提示用户卸载。虚假说明又包含了对其他软件作诋毁性质的虚假说明和事实上兼容却欺骗消费者不兼容两种情形。

软件恶意冲突行为因其技术性问题可能同时触犯《著作权法》与《反不正当竞争法》,多数互联网新型不正当竞争案件涉及软件恶意冲突问题,其中突出表现在软件干扰方面,这涉及《著作权法》中的软件修改问题。但是与传统的软件盗版行为不同,软件干扰行为一般不涉及对源代码的复制和修改,而是在运行过程中对注册值和函数等的修改。关于这种修改行为是否侵害著作权,实践中存在两种不同观点:一种观点认为此种修改并不侵害著作权。其认为此种软件干扰一般针对软件运行过程中的注册值、函数等的修改,而注册表信息不是软件的组成部分,因此不构成侵犯软件修改权。以"百度 IE 搜索伴侣诉'3721 网络实名'"一案为例，①法院认为注册表信息虽然直接影响软件的运行，但注册表信息并非计算机软件作品的组成部分，而是在软件安装过程中自动生成的信息，因此对注册表的修改不应视为对软件作品的修改，也不应视为著作权侵权行为。② 另一种观点则认为此类行为侵害了软件修改权。武汉市中级人民法院在"腾讯诉彩虹 QQ 案"判决中指出，③计算机软件功能通过计算机程序的运行实现，功能的改变是计算机程序改变的外在表现形式。彩虹显 IP 软件修改了 QQ 软件目标程序，导致 QQ 软件的部分功能缺失或发生变化，因此彩虹显 IP 软件侵害了 QQ 软件的修改权。

本书认为，从技术性角度而言，这种动态的软件修改行为构成侵犯软件修改权行为，因为其虽不是对源程序的直接修改，但通过干扰软件运行，对目标程序进行了修改，与修改源程序达到了同样的效果。④ 这种行为同时侵犯了竞争对手的合法权益，可能造成竞争机制的破坏。概言之，这种行为可能构成不正当竞争。在"百度 IE 搜索伴侣诉'3721 网络实名'案"中，百度公司发现百度的网址和软件代码已被列入 3721 软件的"黑名单"，这足以说明 3721 软件蓄意破坏百度软件的安装。基于双方之间的同业竞争关系，被告虹连公司、我要网络的行为同时违反了诚实信用原则，构成不正当竞争。用业绩竞争的标准看来，适用《著作权法》来规制软件恶意冲突并不完全妥当，适用《反不正当竞争法》对此类行为进行规制更为合适。

(二)搜索引擎类不正当竞争行为

随着网络技术的发展，利用第三方平台进行的不正当竞争行为日渐猖獗。在所统计的案件中，涉及搜索引擎的案件数量为 58 起，占总数的 24.0%。与搜索引擎相关的不正当竞争行为又涉及竞价排名、违反 Robots 协议等多种行为。下面以竞价排名为例，对搜索引擎类不正当竞争行为进行分析。

竞价排名案件中，搜索引擎本身并不产生营销词，而是由客户自行提交关键词、标题及相关描述，经过自动过滤系统之后，将关键词和呈现的标题与相关描述自动关联。当用户搜索特定关键词时，相关的营销内容就会出现在搜索结果的特定区域。我们发现，搜索引擎提供竞价排名这种营销模式，符合著

① 参见北京市第二中级人民法院(2004)二中民终字第 02387 号民事判决书。
② 参见北京市海淀区人民法院(2004)海民初字第 16053 号民事判决书。
③ 参见湖北省武汉市中级人民法院(2011)武知终字第 000006 号民事判决书。
④ 参见湖北省武汉市中级人民法院(2011)武知中字第 00006 号民事判决书。

作权中的"避风港原则"适用的主体要件,因此"避风港原则"可作为规制此类行为的参考。"避风港原则"是指发生著作权侵权案件时,如果侵权内容既不在网络服务提供商的服务器中存储,又没有被告知哪些内容应该删除,则网络服务提供商不承担侵权责任,如果网络服务提供商被告知侵权,则有删除的义务,否则就被视为侵权。基于此,实践中网络服务提供者会利用网络的虚拟性,通过注册小号上传内容,网站再提供相关链接,以此来规避侵权风险。

"避风港原则"设立的目的,正是让网络服务提供者清楚在什么情况下应当承担责任,以便于其调整商业模式,有利于网络服务的展开,同时鼓励并督促网络服务提供者在知晓特定侵权信息存在之后采取删除、投诉等措施。

针对竞价排名引发的不正当竞争纠纷,法院往往结合审判经验,首先认定搜索服务提供者的注意义务,进而判断其是否构成帮助侵权。实务中搜索服务提供商甚少被法院认定为帮助侵权,只要搜索服务提供者事前对可能产生的侵权行为尽到了告知义务,在被告知行为涉嫌侵权后及时删除,即视为搜索引擎服务提供者尽到了合理注意义务,并不要求其对用户上传的搜索关键词作全面而详尽的事先审查义务。在搜集到的 58 起搜索引擎案件中,没有 1 起案件的搜索服务提供者被认定为帮助侵权。而通过搜索引擎直接实施的其他行为,例如违反 Robots 协议的搜索行为,由于缺乏具体的认定标准,法院多结合《反不正当竞争法》第 2 条原则性规定,从主观上是否违背诚实信用原则、公认的商业道德及惯例,客观上是否造成实际损害为标准,直接对行为主体进行考量。

(三)链接类不正当竞争行为

网络链接原本也是一个技术用语,又被称作超链接。即运用超文本制作语言编辑包含标记指令的文本书件,在两个不同的文档或同一文档的不同部分建立联系,从而使访问者可以通过一个网址上的操作,访问不同网址的文件,或通过一个特定的栏目访问同一站点上的其他栏目的技术。网络链接技术由于本身所具有的方便快捷、指导性强等特点,被各网站纷纷采用,从而将不同网站提供的信息连接到一起,因而市场上不同的竞争主体在虚拟世界中依然进行着正面交锋,商业利益冲突引发了一系列不正当竞争法律问题。[①]属于不正当竞争行为的链接技术主要是视框链接与盗链。

---

① 王学先、杨昇:《论网络链接中的不正当竞争》,载《学术界》2009 年第 4 期。

视框链接（Frame Link），又称镶边链接，它以视框将网页分割成不同的区间，每一个区间都可以呈现不同的信息资料内容。此种技术可以使他人网站的信息资料呈现在自己网页的某一视框中，而该网站的其他内容仍然存在。使用者进入运用视框链接的网站，并以视框链接到他人网站的内容时，屏幕上显现的网址不是被链接的网站地址，而仍然为运用视框链接的网站地址，这使得用户误以为信息资料由设链网站提供。由于被链网站的信息是被"搬运"到设链网站进行展示，因此信息中的广告尚可正常播放。设置视框链接的网站可以无偿使用被链网站的正版资源，这实际上是借用他人的商誉和资源为自己牟利的行为，该行为影响了被加框网站的访问量，造成被加框网站广告收入的减少，构成了不正当竞争行为。

盗链，是指通过抓取他人内容地址，占用他人带宽、版权内容等硬、软件资源，在其设定的网页（或客户端）上进行展示、播放的一种行为。比如，某视频网站的网页地址是商店的店面，视频地址是仓库，一般的用户访问是先登录网页（进入店铺），点击设在网页上的播放器，而后播放器调用后方仓库的货物（视频）给用户。而盗链则是不经过店面（网页地址），直接抓取、链接到仓库（视频地址），并将货物（内容）以视频流形式由被盗链网站的服务器直接传输至设链网站的网页或客户端上，由设链网站自己的播放器进行解读、播放，因此被链网站设置的广告完全不会呈现在设链网站中。盗链行为是在被盗链者不知情的情况下进行的，占用了被盗链者的带宽、服务器资源和版权资源，性质相较于视框链接更为恶劣。

如何认定搜索、链接服务提供者的侵权行为，一直是学术界、实务界争议颇多的问题。随着新型互联网技术的普及和商业模式的不断创新，这一认定必将愈加复杂。需要指出的是，仅提供搜索链接服务不构成直接侵权行为，但在符合特定要件的情况下构成共同侵权行为，问题主要集中体现在主观过错的认定中。搜索、链接服务提供者是否具有主观过错，要结合个案中的搜索、链接服务提供方式与搜索、链接服务提供商的主观认知义务综合认定。司法实务中，法院主要通过行为是否损害经营者利益且具有不正当性来推定行为人的主观恶意。例如在"央视国际网络有限公司诉上海视畅信息科技有限公司侵害其他著作权及不正当竞争纠纷案"中，法院认为被告以搜索链接的方式传播原告享有独家授权的电视节目，建立在傍附本属原告市场资源的基础之上。被告在无须付出交易成本或交易成本甚微的条件下，即可凭借向公众提供与原告实时转播之开幕式节目相同的感官体验，获得与原告视频服务内容一致的竞争优势。这种竞争优势是被告通过"食人自肥"的不正当手段实现的,其获利核心在于攫夺本属原告的合法商业利益与竞争优势。在损害原告商业利益的同时,被告的行为亦违背了诚实、公平的商业伦理,破坏了原本稳定、有序的竞争秩序。[1]

《最高人民法院关于审理侵害信息网络传播权民事纠纷案件适用法律若干规定》第 4 条明确规定,提供作品的"搜索、链接"服务不属于侵害信息网络传播权,即提供链接、搜索的行为不属于播放作品的行为。在"北京搜狐新媒体信息技术有限公司诉北京风网信息技术有限公司侵害作品信息网络传播权纠纷案"中[2],如果被告提供的仅仅是全网的搜索链接服务,被告并不承担直接侵权责任,而仅就其提供的搜索链接服务在"避风港原则"下承担相关责任。但是,考虑互联网技术发展迅速,如果有网络服务提供商利用提供搜索链接的形式定向向用户提供作品,且对用户而言其提供的搜索链接服务与其他网络服务商直接提供的播放服务无异,是否应恪守搜索链接服务不承担直接侵权责任规则。搜索、链接服务提供商与内容版权方并非完全对立的关系,如果不加区别地从法律上对搜索、链接服务提供商施加过度的注意义务,或者对其完全不加限制,都将导致双方的权利与义务失衡。

(四)浏览器过滤广告类不正当竞争行为

在调研过程中,与浏览器过滤广告相关的不正当竞争行为较为典型。由于视频网站经营者增加网页广告,一些企业开发屏蔽网页广告的软件以迎合用户需求,但这些软件使得网站经营者的广告收入减少,与浏览器过滤广告相关的不正当竞争纠纷由此产生。

基于我国目前互联网"注意力经济"的特点,访问量大的网站能够获取更多的潜在商机。这是因为广告投放商会选择在这类网站投放广告,以获取更多的"注意力"。而屏蔽广告软件的出现打破了这一利益格局,用户使用该软件过滤了网页广告,致使广告投放商的广告利益兑现严重受损。屏蔽广告软件行为开展的并非是业绩竞争,其不依靠自身产品或服务的差异性或用户体验上的差异,而是通过阻碍竞争对手向消费者展示业绩,误导网络用户,以获得竞争上的成功,这无疑会破坏公平公正的竞争机制。

从现有司法判例来看,法院对互联网企业"付费+无广告、免费+广告"的

---

① 参见上海市徐汇区人民法院(2014)徐民三(知)初字第 1383 号民事判决书。
② 参见北京市朝阳区人民法院(2013)朝民初字第 15308 号民事判决书。

经营模式予以认可,在此基础上若开发浏览器的主体将他人基于正当商业模式投放的广告予以屏蔽,则构成为争夺客户群体和交易机会的不正当竞争。在"杭州硕文软件有限公司、飞狐信息技术(天津)有限公司商业贿赂不正当竞争纠纷案"中,法院认为,"免费+广告"商业模式使网站经营者、互联网用户与广告主之间各取所需,形成有序的利益分配和循环,符合反不正当竞争法的原则和精神,且目前该商业模式已成为行业惯例,受到市场的普遍认可,因此该商业模式应予保护。而被告屏蔽广告行为直接干扰了其他经营者正常合法的经营活动,通过损害其他经营者的正当利益来获取自身利益,属于"食人而肥"的行为,不具有正当性。①

此外,我们也应当注意,部分视频网站存在投放垃圾广告的现象,这些广告数量多、时间长,有些甚至遮盖网页内容,必须在用户点击并跳转后才显示网页内容,严重干扰消费者体验,损害消费者利益,屏蔽此种广告具有相当程度的正当性。现行司法实践中,法院往往重点关注广告屏蔽行为对经营者利益的损害,而忽视对消费者利益的考量。在收集的 27 件屏蔽广告相关案例中,只有 9 例将消费者利益作为判断行为是否构成不正当竞争的辅助标准,而这 9 例案件中,均从失去广告收入导致经营者无法提供优质的免费服务而对消费者利益受损展开论证,对消费者利益的考量仍然从经营者受损的角度出发,而没有关注屏蔽广告本身对消费者利益的影响,对消费者利益的保护明显关注不够。然而,随着反不正当竞争法的不断发展,消费者利益日渐成为《反不正当竞争法》重点保护的法益。因此,对广告屏蔽软件规制,应注意维持网站经营者与消费者利益的平衡,既不能对广告屏蔽行为一味打击,完全维护网站经营者的利益,也不能完全放任广告屏蔽行为,损害网站经营者的利益。未来司法机关在认定屏蔽广告类不正当竞争行为时,应适当加强对消费者利益的关注。

---

① 参见浙江省杭州市中级人民法院(2018)浙 01 民终 232 号民事判决书。

第二节 互联网新型不正当竞争行为的认定障碍

一、《反不正当竞争法》一般条款的适用困境

上述统计数据反映了我国目前司法机关针对互联网新型不正当竞争行为存在认定不统一、不规范、不科学的问题,这些问题的存在与法官适用《反不正当竞争法》一般条款的随意性有关。面对互联网行业的激烈竞争以及各种新的商业模式和技术手段的出现,很多法官将目光投向了《反不正当竞争法》的"一般条款"。[①] 一般条款通常适用于界定尚未类型化的不正当竞争行为,其意义旨在为立法所未预见的新问题提供解决方案。一般条款在赋予法官自由裁量权的同时,也蕴含着"司法遁入"的危险:在进行法律适用时,法官可能在没有探寻、发现具体规则的情况下,径直以一般条款作为请求权基础。[②] 当法官需要依靠"诚实信用原则"和"公认的商业道德"来对互联网新型不正当竞争行为进行裁判时,由于互联网市场未形成可靠的道德评判标准,法官在决策时往往受个人道德感支配,最终竞争行为正当性判定的决定因素将被法官的个人直觉所垄断。[③] 因此,法官在解决法律自身不确定性的同时,又产生了新的不确定性,亦即法律适用过程的不确定性,而这在很大程度上缘于司法进程中无可避免的主观因素的介入。[④] 中国幅员辽阔,地区差异、经济差异和市场差异以及法官专业素质的差异都可能导致同样行为在不同地方得到不同的认定和处理,这无疑会影响法律实施的统一性。

二、传统竞争关系的认定缺陷

传统竞争关系限缩解释为狭义的同业竞争关系,即不正当竞争行为人与

---

① 李明德:《关于〈反不正当竞争法〉修订的几个问题》,载《知识产权》2017 年第 6 期。

② 崔国斌:《知识产权法官造法批判》,载《中国法学》2006 年第 1 期。

③ 蒋舸:《〈反不正当竞争法〉一般条款在互联网领域的适用:以 robots 协议案一审判决为视角》,载《电子知识产权》2014 年第 10 期。

④ 肖顺武:《网络游戏直播中不正当竞争行为的竞争法规制》,载《法商研究》2017 年第 5 期。

其他经营者在经营范围、用户群落、盈利模式等方面完全相同或相似。事实上,狭义的同业竞争关系认定模式具有重要的意义,在传统不正当竞争行为案件中,是否具有同业竞争关系往往是法官确定诉权、案件审理的前置性要件。然而,在互联网新型不正当竞争行为中,传统竞争关系认定主要存在以下三点不足。

第一,无视互联网商业模式的特殊性。互联网经济又被称为"注意力经济""眼球经济",其商业模式与传统实体经济差异较大,其形式多样性和创新速度为传统行业所不能比拟,因而对于该领域竞争关系的认定必须要考虑其商业模式特性。传统商业模式提供的产品往往是有固定载体的可视化产品,如若商品完全不同或不具备较强可替代性,其经营者之间显然不存在争夺市场份额的关系,故传统商业模式下竞争关系的认定一般以狭义竞争关系为前提。相比之下,互联网经济下的运营模式具有一定的典型性、特殊性,其不以可视载体为依托,而是以互联网平台吸引、维持用户作为经营基础。此类网络服务运营商在市场立足进而取胜、获取市场竞争优势的关键在于其免费基础网络服务模式对用户锁定的深度和广度。进言之,一旦通过不当方式牟取更多用户数量和黏度,即便不是同业竞争者,也可能侵害他人的公平竞争权。

第二,有违国际发展趋势。对竞争关系的认定,国际上普遍采取摒弃传统狭义的直接竞争关系认定的做法,转而认可对其宽泛理解的模式。《巴黎公约》虽未对竞争行为作出进一步阐述,但其表述的"任何竞争行为"可推定为"任何具有直接竞争关系或间接竞争关系的行为",也表明了其摒弃狭义竞争关系的态度。世界知识产权组织发布的《反不正当竞争示范法》第1条干脆放弃了使用"竞争行为"的字眼,而以"工商业活动中的任何作为或者不作为"的表述代之。该文件虽然不具有条约拘束力,但其至少反映摒弃狭义竞争关系的主流趋势,对于成员国的立法或修法有极大的指导意义。国际上对竞争关系的广义解读对我国竞争关系的认定提供了借鉴意义,无视国际发展趋势、不思改变地固守传统狭义的竞争关系认定思路显然不合时宜。

第三,背离《反不正当竞争法》的立法宗旨。《反不正当竞争法》第1条开宗明义指出"本法立法目的在于促进社会主义市场经济健康发展,鼓励和保护公平竞争,制止不正当竞争行为,保护经营者和消费者的合法权益",对该条进行文义解释可知,该法保护对象不限于具有直接利害关系的同业竞争者,还包括消费者和其他经营者,其保护的法益主体甚至扩宽至参与市场竞争的不特定主体,即所谓的公众。一旦将消费者纳入保护视野,狭义竞争关系认定的局限性进一步凸显,对于法益的多元保护力不从心,无法实现《反不正当竞争法》保护法益多元化的立法目的。

三、商业道德判断标准的不足

从目前司法实践来看,针对互联网领域的不正当竞争纠纷,公认的商业道德往往体现为互联网市场的商业惯例。在屏蔽广告软件与网站经营者的诉讼中,关于商业惯例的确立主要有以下三种主张:第一,认为网站"免费＋广告"的经营模式是互联网市场的行业惯例,破坏该经营模式即认定为不正当竞争。司法实践中,已有"免费＋广告"经营模式并不违《反不正当竞争法》的原则精神和禁止性规定的观点,[①]但尚无判决明确认定该经营模式属于商业惯例。[②] 在商业模式并不为法律所明确保护且消费者没有观看广告义务的前提下,如何界定视频网站经营者所受损害,"免费＋广告"的商业模式是否为行业惯例,是否能构成公认的商业道德进而受到反不正当竞争法的保护,这都是将商业模式运用到认定行为"不正当性"时需要考虑的问题。第二,认为浏览器中过滤网络广告的功能属于国内外浏览器的行业惯例,不具有可诉性。这种说法实质上缺乏依据。以美国的 Adblock Plus 为例,美国主流的屏蔽广告软件是内置于浏览器的 Adblock Plus 插件。[③] 该软件本身是一款开源软件,允许所有人进行修改以达到更好功能。基于这种开源性,该软件遵循开源许可协议,没有进行商业化运用,这与国内浏览器在打开市场之后开展增值服务与广告收费的运作模式有本质区别。同时,屏蔽广告的行为可能涉嫌版权侵权,

---

① 参见最高人民法院(2013)民三终字第 5 号民事判决书。判决书中提到:"这种免费平台与广告或增值服务相结合的商业模式是本案争议发生时,互联网行业惯常的经营方式,也符合我国互联网市场发展的阶段性特征。事实上,本案上诉人也采用这种商业模式。这种商业模式并不违反《反不正当竞争法》的原则、精神和禁止性规定,被上诉人以此谋求商业利益的行为应受保护,他人不得以不正当干扰方式损害其正当权益。"

② 参见北京市海淀区人民法院(2013)海民初字第 13155 号民事判决书。在"优酷诉金山"案中,法院认为原告优酷网的经营模式具有正当性,但亦未就该经营模式与商业惯例的关系予以讨论。

③ 截至 2014 年 3 月,超过 1.8 亿的互联网用户使用这一插件,Firework 浏览器、谷歌 Chrome 浏览器、微软 IE 浏览器、Opera 浏览器以及苹果 Safari 浏览器陆续对 Adblock Plus 插件开放。参见 http://en.wikipedia.org/wiki/Adblock_Plus,下载日期:2016 年 9 月 10 日。

且不存在合理使用的抗辩。在用户构成版权直接侵权的前提下,屏蔽广告软件的提供商同时成立帮助侵权,这进一步证明屏蔽网页广告功能并非国内外通行的商业惯例①。第三,关于行业协会内部的自律公约内容可否作为认定商业惯例的事实依据之困惑。法院的确可根据行业协会自律公约的相关内容在事实层面上认定构成商业惯例与否,但我国的自律公约仅对垃圾网页弹出的恶意广告方面作出规定。在屏蔽视频广告的行为中,垃圾网页弹出的恶意广告与视频网站的时间广告存在明显差异,前一种广告可能遮挡页面使用户无法观看实际内容,而视频网站广告在时间结束后会为用户播放视频。由于不能合乎逻辑地推导出屏蔽广告软件违背了公认的商业道德,故以自律公约认定商业惯例在此类案件中并不适用。综上得知,以商业道德标准进行行为认定说服力不足。

第三节　互联网新型不正当竞争行为认定规则的完善

本书认为,可以从以下五个方面来对互联网新型不正当竞争行为的认定规则予以完善。

一、完善《反不正当竞争法》一般条款的适用

(一)审慎适用一般条款

规则优先、慎用原则,是法律适用的基本准则。有规则可以适用则不能径行适用原则,只有缺乏明确规则时,原则的适用才有正当性。② 由于 2017 年《反不正当竞争法》专门规定了互联网不正当竞争条款,且在已有条款中对互联网不正当竞争行为新形式作出补充、细化规定,作为司法机关审理互联网不正当竞争案件的主要依据,法官在审理互联网新型不正当竞争案件时,应主要解释和适用该规定。只要法条含义和司法适用范围清晰,法官的任务便很简

---

① Saluke, Andrew, Ad-Blocking Software as Third-Party Tortious Interference with Advertising Contracts, *Business Law Reveies*, 2008, Vol.7, No.87, pp.87～120.

② 焦海涛:《不正当竞争行为认定中的实用主义批判》,载《中国法学》2017 年第 1 期。

单——以法条为依据,做一个合法的判决即可。[①] 因此,将来法官在认定互联网新型不正当竞争行为时适用《反不正当竞争法》一般条款的随意性将有所改善。换言之,法官必须严格遵照类型化条款中对互联网不正当竞争的行为要件相关规定,严格执行和适用法律。法官谨慎适用"一般条款",可以使市场主体对自己行为是否违法进行提前预判,一定程度上避免违法行为,进而有助于健康市场竞争秩序的建立。[②]

(二)适用一般条款应进行充分说理

法律的制定永远落后于经济发展,制定得再完美的法律,基于法律稳定性的限制,都不可避免地会在将来显现滞后性的问题,因此,《反不正当竞争法》一般条款的存在具有必然性,无论是现在还是将来,法官必然要适用一般条款进行行为认定。但是,正如德国法学家赫费所言,正义的一个起码条件就是禁止任意性。[③] 著名经济学家科斯也曾指出:"法院欲作出理想判决,须考虑两个因素:一是预测判决的经济后果;二是防止对于法律条文的解释产生不确定性的后果。"[④]为了保证判决结果的正义性,法官要慎重适用一般条款认定互联网新型不正当竞争行为,对为何适用一般条款、如何适用一般条款、适用一般条款时考量哪些因素应作出充分说理。

法官运用一般条款进行规制,较大程度上是在法律的确定性与开放性之间寻求一种艰难的平衡。[⑤] 法官在对互联网竞争行为进行判断时,应当立足于竞争特点和规律,结合案件具体情况,根据竞争的相关价值和因素进行判断。[⑥] 在以"诚实信用"为标准评判互联网企业市场行为是否违反商业道德时,注意"诚实"含义必须在实际商业贸易的框架内讨论,不能混同于一般道德

---

① 任强:《司法方法在裁判中的运用——法条至上、原则裁判与后果权衡》,载《中国社会科学》2017 年第 6 期。

② 李明德:《关于〈反不正当竞争法〉修订的几个问题》,载《知识产权》2017 年第 6 期。

③ 〔德〕奥特弗利德·赫费:《政治的正义性——法和国家的批判哲学之基础》,庞学铨、李张林译,上海译文出版社 1998 年版,第 29 页。

④ Ronald H. Coase, *The Problem of Social Cost*, Journal of Law and Economics, 1960, Vol. 3, No. 2, pp. 1~44.

⑤ 吴峻:《反不正当竞争法一般条款的司法适用模式》,载《法学研究》2016 年第 2 期。

⑥ 孔祥俊:《论反不正当竞争法的竞争法取向》,载《法学评论》2017 年第 5 期。

理想,更不能混同于宗教信仰。① 法官援引行业规则作为商业道德标准时,应审查行业规则,确保其不违反相关法律法规。法律法规是由国家强制力保证实施的行为规范,将行业规则置于法律的审视之下,可检验其与法律的目标是否一致,防止不适当援引行业规则损害竞争秩序。最高人民法院曾在"腾讯诉奇虎不正当竞争纠纷案"中指出,"援引的行业规则不能违反法律原则和相关规定"。② 也有学者指出,法官援引的行业规则应是禁止性的规定而非倡导性的规定。③

此外,在互联网新型不正当竞争案件中,可能存在多个利益主张,因此,法官应对其进行有效取舍、整合,寻求各种诉求的最大公约数,平衡好原告与被告、经营者与消费者、私益与公共利益的关系,形成各方均能最大限度接受的裁决理由。④

二、优化竞争关系的认定

(一)采取广义竞争关系说

与传统经济相区别,互联网经济以互联网为平台,以争夺消费者注意力为目的。因其不存在可视载体,判断互联网产品间可替代性的难度较传统经济有所提升。因此,在互联网经济领域,对竞争关系进行更为宽泛的解释尤其必要。只要互联网经营者实质上采用损人利己、食人而肥、"搭便车"、模仿等不正当手段进行市场竞争、获取竞争优势,都可以认定构成不正当竞争行为。⑤

随着互联网经济的不断发展,"3Q 大战""3B 大战"以及被"莆田系事件"再次推上风口浪尖的竞价排名问题,不只引起互联网业内人士、法律工作者的广泛关注,普通公众的现实生活也颇受其影响。因此,规制以上述案例为代表的互联网新型不正当竞争行为具有现实急迫性。若采取广义竞争关系来对互联网新型不正当竞争行为进行认定,则可达到严厉打击各种互联网新型不正

---

① Fraukc Henning-Bodewig(cd.),*International Handbook on Unfair Competition*,C.H.Beck • H art • Nomos,2013,p.4.

② 最高人民法院(2013)民二终字第 5 号民事判决书。

③ 史欣媛:《互联网新型不正当竞争案件中的行为正当性判定标准研究》,载《安徽大学学报(哲学社会科学版)》2017 年第 1 期。

④ 杜宴林:《司法公正与同理心正义》,载《中国社会科学》2017 年第 6 期。

⑤ 孔祥俊:《反不正当竞争法的创新性适用》,中国法制出版社 2014 年版,第 115 页。

当竞争行为、规范互联网经济秩序的目的。

以"3B大战"为例,在该案中,若对竞争关系进行狭义理解,作为搜索引擎服务商的百度公司与作为互联网内容提供商的奇虎公司,由于从事的主要业务不同,并不存在直接竞争关系,无法依据《反不正当竞争法》对奇虎公司的行为进行规制。但是,奇虎公司在提供搜索引擎服务时,无视 Robots 协议抓取百度贴吧、百度知道相关内容,形成网页快照,减少了百度相关栏目的访问量,除对百度公司造成实际流量损失外,亦实现了其对互联网消费者注意力的争夺,应当属于互联网经济下以获取消费者注意力为竞争目的的不正当竞争行为,理应由《反不正当竞争法》加以规制。因而,只有采取广义竞争关系说,以"竞争利益"和"实际经营行为"等作为竞争关系认定标准,才可认定双方当事人具有竞争关系,进而继续考量涉案行为是否符合不正当竞争行为构成要件,最终对行为性质作出判定。由此可见,若不采用广义竞争关系,则难以对一些互联网新型不正当竞争行为进行规制。

另外,就互联网商业模式的特殊性而言,广义竞争关系说是规范互联网经济秩序的必然要求。在互联网经济下,鲜有开展单一业务的互联网经营者,多数互联网经营者在其优势业务基础之上开发更为多样的服务。如奇虎360以安全软件、免费杀毒软件作为发展基础,打开市场后以原消费者群体为中心,开展手机助手、浏览器等业务;腾讯公司的业务范围亦从早期的QQ扩展至影音、游戏等。无论是大众熟知的各互联网龙头企业,还是鲜为人知的小企业,扩展业务范围应以有足够数量的稳定用户为前提。消费者对互联网产品的依赖程度均会对产品所属互联网企业其他业务的开展产生较大影响。一旦互联网经营者以不正当方式提高自己产品的用户黏度,无论其与行为相对方是否属于同业竞争者,都有可能侵害对方的公平竞争权。在这种模式下,欲有效规范互联网经济秩序,须突破传统经济对竞争关系的狭义理解。

对于司法实践中广义竞争关系的界定,曾有学者将之概括为以下几种方式:(1)通过经营者是否不正当地获取竞争优势来界定;(2)通过经营者是否不正当地破坏他人竞争优势来界定;(3)分析经营者是否作出违背诚实信用原则的行为从而损害他人利益来界定;(4)通过分析经营者是否损害《反不正当竞争法》所保护的利益来界定。[①] 也有学者认为,竞争关系存在与否,不仅取决

---

① 周樨平:《反不正当竞争法中竞争关系的认定及其意义——基于司法实践的考察》,载《经济法论丛》2011 年第 2 期。

于所提供的商品或服务是否相同，而是只要商品或服务存在可替代性，或者具备相同的顾客群，抑或促进了他人的竞争，都应认定存在竞争关系。[①] 本书认为，上述方式中，"诚实信用原则""促进他人竞争"等表述在司法实践中缺乏可操作性，更适宜进行学术探讨。故本书拟通过对相关司法判决梳理，分析广义竞争关系的具体界定标准。

（二）适用广义的竞争关系认定标准

如前文所述，互联网新型不正当竞争行为竞争关系的认定较多以"经营范围"为认定标准，[②]这说明仍有许多互联网新型不正当竞争行为发生于具有直接竞争关系的互联网经营者之间。由于此处主要探讨广义竞争关系的认定标准，故不对以"经营范围"认定竞争关系的情形进行过多阐述。关于互联网经济中广义竞争关系的认定标准，本书认为可以针对互联网新型不正当竞争行为的不同表现形式，分别采取"实际经营行为"、"竞争利益"和"产品用户群"三个标准来认定互联网新型不正当竞争案件中的竞争关系。

其一，以"实际经营行为"为认定标准。"实际经营行为"认定标准指以经营者实施的实际经营行为认定互联网新型不正当竞争案件中的广义竞争关系，即以经营者的具体经营行为而非经营范围为竞争关系的认定标准。

在"北京百度网讯科技有限公司诉青岛奥商网络技术有限公司、中国联合网络通信有限公司青岛市分公司等不正当竞争纠纷"案[③]中，山东省高院认为，虽然被告联通青岛公司的身份是互联网接入服务经营者，而百度公司是搜索服务经营者，原、被告提供的服务在类别上不完全相同，但是被告所实施的在百度搜索结果出现之前即擅自弹出广告的商业行为，与原告百度公司从事的付费搜索行为之间仍然存在竞争关系。此外，在"北京百度网讯科技有限公司诉北京奇虎科技有限公司等不正当竞争纠纷"案[④]中，北京东城区法院认为，互联网经营者之间是否存在反不正当竞争法意义上的竞争关系，并不取决

---

① 郑友德、杨国云：《现代反不正当竞争法中"竞争关系"之界定》，载《法商研究》2002年第6期。

② 笔者在整理、分析判决书的过程中发现，在互联网经济下，以经营范围为认定标准存在两种有差别的认定方式：一是经营范围完全相同，或涉案经营项目相同；二是涉案当事人在经营范围上存在交叉、重合。

③ 参见山东省高级人民法院（2010）鲁民三终字第5-2号民事判决书。

④ 参见北京市东城区人民法院（2013）东民初字第08310号民事判决书。

于经营者是否经营相同的产品或服务,而取决于经营者在相关的经营活动中是否存在竞争关系。具体到本案而言,若被告一方的实际经营行为可能争夺原告用户的注意力,即使二者并非处于同一细分行业,也应认定他们之间具有广义竞争关系。

其二,以"竞争利益"为认定标准。"竞争利益标准"是指以竞争利益作为认定互联网新型不正当竞争案件中广义竞争关系的标准,即以行为是否增加自身竞争优势、损害其他竞争者的竞争利益为具体认定依据。

在对该标准在实际审判中的运用情况进行分析之前,首先对"竞争利益"进行简要说明。竞争利益标准与经营行为标准存在一定程度的联系,即根据实际经营行为来认定竞争关系,其本质是对经营者的特定市场行为是否具有恶意争夺竞争利益倾向进行分析,但二者绝非是简单用语层面上的差别。我们常会将竞争利益限定为商业利益,又极易将商业利益限定为经济利益,但在互联网行业,竞争利益更多地表现为用户注意力、用户点击率等资源。例如,在"北京爱奇艺科技有限公司诉北京极科极客科技有限公司不正当竞争纠纷"案[1]中,北京市海淀区法院认为,从主要业务来看,原告爱奇艺公司的主营业务是网络视频播放服务,被告极科极客公司的主营业务是硬件设备生产销售,从表面上看两者似乎没有竞争关系。但是,本案被诉不正当竞争行为是被告综合利用软件"屏蔽视频广告插件"和硬件"极路由"路由器,屏蔽爱奇艺网站提供的视频片前广告,此行为必将吸引爱奇艺网站的普通用户使用被告软件来屏蔽原告视频片前广告,从而减少爱奇艺公司的视频广告收入,增加了极科极客公司的商业利益,导致提供不同产品或服务的爱奇艺公司和极科极客公司在商业利益上此消彼长,使本不存在直接竞争关系的爱奇艺公司与极科极客公司因此具有了竞争关系。虽然极科极客公司以双方所处行业不同为由否认竞争关系的存在,但法院认为其依据不足,未加采信。换言之,在互联网新型不正当竞争案件中,若被告一方的经营行为在损害他人竞争利益的同时,也会增加自身竞争优势、增多己方利益,则可认定其与受损害方具有广义竞争关系。

其三,以"产品用户群"为认定标准。产品用户群认定标准是指以经营者提供的产品用户群为标准来认定互联网新型不正当竞争案件的广义竞争关系,即以经营者最终争夺的用户群体为认定广义竞争关系的依据。由于经营

---

[1] 参见北京市海淀区人民法院(2014)海民(知)初字第 21694 号民事判决书。

范围相同的网络经营者,争夺对象往往为同一网络用户群体,产品用户群认定标准与经营范围认定标准有所重合,且该标准常与其他标准同时使用。但若对该标准给予充分论证,则用会发现采用这一标准认定竞争关系具有较强说服力。

在"腾讯(深圳)有限公司等诉北京奇虎科技有限公司等不正当竞争纠纷"案中,一审法院北京市朝阳区法院认为,竞争关系的认定可从如下几个方面加以分析:第一,从本案原告、被告的经营范围来看,原告腾讯公司与被告奇虎公司和三际无限网络公司之间在业务上存在重合,因此,他们拥有相同的市场利益,故原告与被告具有竞争关系。第二,从本案涉案产品针对的用户群来看,被告提供的"360 隐私保护器"只针对原告的 QQ 软件进行监测,可以说其具有唯一针对性,由于"360 隐私保护器"依附于 QQ 软件而运行,因此"360 隐私保护器"的用户群与 QQ 软件的用户群相同,从而使得原被告之间形成竞争关系。[1] 在该段论述中,一审法院首先以经营范围为标准对原被告的竞争关系进行论证,由经营范围的重合推导出原被告市场利益相同,从而具有竞争关系。但正如曾有学者认为网络平台存在广义竞争关系一样,本书并不赞成这种观点,本书认为网络平台上的许多经营者都会存在业务上的交叉融合,若将其全部认定为具有竞争关系,超出了广义竞争关系的应有之义。虽在审判实践中曾有法官认为"没有真正运营、业务不完全相同只能作为确定损害赔偿方面的考虑因素",[2]但从审判趋势来看,这种观点并未得到广泛采纳。在本案中,法院继而以产品用户群为标准展开论证。用户注意力是互联网经济中的稀缺资源,是众多网络经营者的争夺对象,但若不对用户范围进行更为细致的划分,则同网络平台属于广义竞争关系的观点并无实质区别。故将 QQ 软件的用户群从大范围的互联网用户群体中独立出来,并由客户群同一得出具有竞争关系的结论,具有较强的说服力。虽然该案中法院在论述当事人竞争关系时采用了双重标准,但通过前述分析,我们可以断定,就该案件而言,可单独以产品用户群为标准论证竞争关系,而不能单独以经营范围为标准进行论证。

由于互联网新型不正当竞争行为表现形式多样,且同一类行为在具体表现形式上不尽相同,故在互联网新型不正当竞争案件的审理中,法官应根据案件实际情况,选定恰当的竞争关系认定标准。此外,广义竞争关系的采用,虽

---

[1] 参见北京市朝阳区人民法院(2010)朝民初字第 37626 号民事判决书。

[2] 参见北京市海淀区人民法院(2004)海民初字第 19192 号民事判决书。

然确实有利于有效规制互联网新型不正当竞争行为、规范互联网经济秩序,但也不能无限制地扩大其范围。换言之,互联网新型不正当竞争案件中广义竞争关系的适用应有一定的边界。①

三、健全商业道德的判断标准

行为正当性判断作为一种利益衡量或价值判断的过程,应首先依据法律标准进行,在没有明确法律标准情况下才能考虑商业道德、业绩竞争等法律之外的标准。在商业道德标准与业绩竞争标准的博弈中,本书更倾向于采用业绩竞争标准进行认定。但业绩竞争标准与商业道德标准并非完全脱节,采用业绩竞争标准不代表完全忽视商业道德标准,而是要为其设定一定的边界,进一步明确其内涵与外延。具体而言,主要包括以下两个方面。

一方面,要更加准确地把握商业道德标准的主要内涵及适用条件。我国《反不正当竞争法》未明确定义诚实信用原则和公认的商业道德内涵,最高人民法院在"海带配额"案中曾对其进行了具体的阐释。其认为在竞争法律中,公认的商业道德是诚实信用原则的主要表现形式,而商业道德是在特定不同商业领域中商业伦理规范的具体体现,应依照市场交易参与者共同一致认可的行为标准即从经济人的伦理角度来加以评判。将诚实信用原则和公认的商业道德作为认定和适用不正当竞争行为的标准必须同时具备以下前提条件:现有法律没有将此种竞争行为纳入规制范围内,并且实施此种行为对其他经营者的合法权益产生了危害结果。

另一方面,弱化商业道德标准,转而重视市场效果的分析。如前所述,商业道德标准认定互联网新型不正当竞争行为具有局限性,即互联网注意力竞争的特性导致寻求道德共识愈加困难,互联网迅速自我演化的特性导致统一的道德标准尚未形成,且互联网的技术性使道德的指引性受到限制。因此,法院判案不能仅停留在考察行为是否违背商业道德和诚实信用原则的层面,而应更加注重行为本身对于竞争效果的影响,以是否破坏竞争机制作为判断互联网领域竞争行为正当性与否的标准,具体以是否遵守业绩竞争为标准考量行为正当性。

曾有学者指出《反不正当竞争法》第 2 条第 1 款与第 2 款割裂带来了一定

---

① 吴太轩:《互联网新型不正当竞争案件中的竞争关系认定研究》,载《经济法论坛》2017 年第 2 期。

的困惑,若按照《反不正当竞争法》第 2 条第 1 款的要求,遵循了自愿、平等、公平、诚信的原则,遵守法律和商业道德,是否就意味着不属于不正当竞争? 相反,违背了这些原则或者商业道德,就构成了不正当竞争行为?[①] 不仅如此,从经济分析标准来看,《反不正当竞争法》第 2 条第 2 款将不正当竞争行为规定为"经营者在生产经营活动中,违反本法规定,扰乱市场竞争秩序,损害其他经营者或者消费者的合法权益的行为"。那么对于那些《反不正当竞争法》第 2 章没有进行类型化规定的新型不正当竞争行为,在按照一般条款来认定其行为性质时,一旦违背"自愿、平等、公平、诚信"和"商业道德",并且对其他经营者或消费者的合法权益造成损害的,就将认定为不正当竞争行为。而许多民事侵权行为或者违约行为也违反了"自愿、平等、公平、诚信"原则,并且对其他经营者或消费者合法权益造成损害,如果这些普通民事侵权行为或违约行为也视为不正当竞争行为,将会极大弱化反不正当竞争法之"市场规制法"的属性,甚至对《反不正当竞争法》存在的必要性产生怀疑,直接按照侵权法或者合同法即可对违反"自愿、平等、公平、诚信"原则并且"损害其他经营者或消费者合法权益"的行为进行处理。由于《反不正当竞争法》第 2 条在伦理分析标准与经济分析标准两方面均存在疵瑕,导致法官在适用该条认定互联网新型不正当竞争行为时存在较大的不确定性:一些法院对互联网新型不正当竞争行为进行认定时着重从商业道德方面进行考量,一些法院则着重从是否损害消费者利益、经营者利益等方面进行考量。

多元诉求的无序竞争将不可避免带来社会失序的危机。[②] 面对不正当竞争行为认定规则的乱象,2017 年《反不正当竞争法》虽然对一般条款和不正当竞争行为的认定作了一些修改,但是,上述伦理标准与经济分析标准割裂的现象仍未得到根本解决,这可能导致不正当竞争行为认定时,部分法官侧重于从"是否损害商业道德"的"伦理标准"进行判断;而另一部分法官却侧重于从是否损害"经营者或消费者利益"的"结果标准"进行判断。为了自我发展的需要,每个市场主体都想尽可能多地占有资源,各自的利益需求与矛盾很容易成为引起冲突的导火索。在这种情况下,需要伦理道德缓和人与人之间的对抗,

---

① 焦海涛:《不正当竞争行为认定中的实用主义批判》,载《中国法学》2017 年第 1 期。

② 秦小建:《价值困境、核心价值与宪法价值共识——宪法回应价值困境的一个视角》,载《法律科学》2014 年第 5 期。

平息个体间的争斗。① 而商业道德是商人在商业活动中处理内外部利益关系的各种善恶价值取向的总和，是一般社会伦理在商业领域的变异结果，②诚实信用作为在长期商业实践中约定俗成的行为规范，可以视作商业道德的核心，因此，在立法中对不正当竞争行为界定时需要从诚实信用等方面分析经营者的行为是否违反商业道德，并将之作为"正当"与"不正当"，进而决定"合法"与"不合法"的评判标准。③ 但是，违反商业道德的行为不一定会造成危害后果（比如仅仅是编造但未散播出去的诽谤言辞），因此在认定不正当竞争行为时还要分析行为所造成的客观后果，看其是否影响竞争秩序，妨碍竞争机制，即对市场行为进行"竞争效果评估"。对市场竞争效果进行评估不再依赖道德因素的主观判断，而更多是借助一种价值中立、客观的方式。④ 评估的重点在于竞争行为是否对健康的竞争机制造成损害，即竞争秩序是否被扭曲。因为在反不正当竞争法中，未扭曲的竞争被作为不正当竞争的反义使用。⑤ 因此，今后《反不正当竞争法》实施细则或司法解释在界定不正当竞争行为时，有必要将"伦理标准"与"结果标准"整合在一起，这样可以保证法官在界定不正当竞争行为时同时考虑两个标准，尽可能减少案情相似但判决迥异的情况。

四、明确用户选择权的边界

近年来，有些网络服务提供者利用或假借用户的授权，干扰、卸载或者屏蔽其他网络服务提供者服务的现象时有发生，这些案件引起了社会的广泛关注，引发了用户选择权是否毫无限制的讨论。对于用户是否可以利用第三方服务屏蔽广告一事，相较于行业主管部门和互联网行业的暧昧态度，最高人民法院在"腾讯诉奇虎360'扣扣保镖'"一案中鲜明地提出："用户若想享有免费

---

① ［德］米歇尔·鲍曼：《道德的市场》，肖君、黄承业译，中国社会科学出版社 2003 年版，第 27 页。

② 黄武双：《经济理性、商业道德与商业秘密保护》，载《电子知识产权》2009 年第 5 期。

③ 孟雁北：《论反不正当竞争立法对经营自主权行使的限制——以〈反不正当竞争法（修订草案送审稿）〉为研究样本》，载《中国政法大学学报》2017 年第 2 期。

④ Reto M. Hilty, The Law against Unfair Competition and Its Interfaces, In Reto M. Hilty, Frauke Henning-Bodewig eds, *Law against Unfair Competition*, Berlin Heidelberg：*Springer*, 2007, pp.1～52.

⑤ 范长军：《德国反不正当竞争法研究》，法律出版社 2010 年版，第 110 页。

的即时通信服务,就必须容忍广告和其他推销增值服务的插件和弹窗的存在。那种不愿意通过交费来使用无广告、无插件的互联网服务,而通过使用破坏网络服务提供者合法商业模式、损害网络服务提供者合法权益的软件来达到既不浏览广告和相关插件,又可以免费享受即时通信服务的行为,已经超出了合法用户利益的范畴。"①这明确了竞争法视野下消费者权益保护的边界,即不能以促进消费者福利为由干扰他人软件。最高人民法院认为消费者的需求多种多样,在给予全面正确的信息后,相关消费者会自行对是否选用某种互联网产品作出判断;消费者能否接受经营者提供的某种产品或服务方式,也主要由市场需求和竞争状况进行调节,竞争法视野下消费者权益的保护主要体现为对其知情权和选择权的保护。

在专门规范互联网信息服务的《规范互联网信息服务市场秩序若干规定》中,规定了禁止欺骗、误导或者强迫用户使用或者不使用其他互联网信息服务提供者的服务或者产品,但是对于利用用户自愿选择同意后屏蔽广告等服务的行为是否合理未置可否,这似乎与用户因素的介入有关。根据我国的《消费者权益保护法》,用户享有自主选择商品或者服务的权利。在互联网领域中,用户选择权的边界需要结合互联网商业模式进行判断。在上述案件中,审理法院详细论述了互联网免费服务商业模式的合理性,并在此基础上界定了用户的权利边界,即应当符合互联网商业模式的良性发展需求,不应破坏服务提供者与用户之间的利益平衡。对于网络服务提供者提供的正当服务,用户的选择权并非是无限制的。该案对互联网用户选择权进行了明确和合理的界定,对互联网新型不正当竞争行为的认定具有重要意义。

五、正确适用行业自律规范

由于互联网技术和应用日新月异的特征,互联网领域中许多社会关系及行为不适合运用法律这一极具相对稳定性的规范来调整。同时,由于互联网行业竞争行为的新颖多变性,加之法律规定的相对滞后性,法院对于行业惯例需要予以充分重视。

以法律作为互联网治理基础手段的同时,应当建立一套完备的法律辅助机制,包括行业自律、行政监督管理、信用体系等机制。经过调研发现,对于互联网经营及服务行为的判断,法院主动运用行业主管部门的规章和协会自律

---

① 参见最高人民法院(2013)民三终字第5号民事判决书。

规范作为依据和论据,支撑自己的判断。①

　　最高人民法院对于法院援用工信部《规范互联网信息服务市场秩序若干规定》和互联网协会自律公约是否适当的问题进行了说明,可作为正确适用行业协会自律公约的参考。② 最高人民法院明确指出,工信部的规章和互联网协会所签署的自律公约可以作为法院事实认定的依据,但前提是人民法院必须从竞争法层面判断其相关内容是否合法、公正和客观。③ 由此可知,对于自律公约的援用并不是将其作为法律规范性文件意义上的依据,实质上只是作为认定行业惯常行为标准和商业道德的依据。

---

　　① 　参见广东高级人民法院(2011)民三初字第 1 号民事判决书。

　　② 　参见最高人民法院(2013)民三终字第 5 号民事判决书。

　　③ 　最高人民法院认为,在市场经营活动中,相关行业协会或者自律组织为规范特定领域的竞争行为和维护竞争秩序,有时会结合其行业特点和竞争需求,在总结归纳其行业内竞争现象的基础上,以自律公约等形式制定行业内的从业规范,以约束行业内的企业行为或者为其提供行为指引。这些行业性规范常常反映和体现行业内的公认商业道德和行为标准,可以成为人民法院发现和认定行业惯常行为标准和公认商业道德的重要渊源之一。当然,这些行业规范性文件同样不能违反法律原则和规则,必须公正、客观。

第七章

互联网新型不正当竞争案件的管辖

第一节　互联网新型不正当竞争案件管辖的解读

在分析互联网新型不正当竞争案件管辖权争议前,有必要对管辖的一些相关知识作简单介绍。

一、互联网新型不正当竞争案件民事诉讼的主管

主管,一般是指确定国家机关、社会团体各自的职权范围和权限。① 我国《民事诉讼法》并没有直接使用"主管"一词,但是根据该法第 3 条及相关司法解释,我们认为民事诉讼的主管是指法院受理民事案件的权限范围。确定民事诉讼的主管,就明确了哪些纠纷属于法院民事审判的范围,哪些纠纷不属于民事审判的范围。主管具有以下两个特征:第一,主管是宪法及法律对人民法院行使审判权的授权和限制;第二,主管的确定必须依据一定的原则。② 鉴于此,结合互联网新型不正当竞争民事诉讼的特殊性,我们认为确定互联网新型不正当竞争民事诉讼的主管应依据以下原则:(1)诉讼双方是平等的民事主体;(2)是公民之间、法人之间、其他组织之间以及他们相互之间因财产关系和人身关系所提起的民事诉讼;(3)在互联网这一虚拟空间内发生的特定行为所

---

① 江国华:《正当性、权限与边界——特别权力关系理论与党内法规之证成》,载《法律科学》2019 年第 1 期。

② 王学兴:《关于互联网上民事诉讼主管与管辖的探讨》,载北大法律信息网,http://article.chinalawinfor..com/article_print.asp? articleid＝3290,下载日期:2015 年 9 月 26 日。

引起的民事诉讼。基于这些原则,我们可以认定多数互联网新型不正当竞争案件属于民事诉讼主管的范围。

二、互联网新型不正当竞争案件民事诉讼的管辖

民事诉讼的管辖,是指各级法院之间或同级法院之间受理第一审民事案件的分工和权限,它是对人民法院职责的确定。[1] 民事诉讼的主管与管辖有紧密的联系,主管是确定管辖的基础和前提,管辖是对主管的体现和落实。确定管辖对人民法院的审判有着极为重要的实践意义。首先,管辖为人民法院确定了职权范围;其次,管辖的确定有利于当事人积极地行使诉讼权利;最后,根据《民事诉讼法》中的"管辖恒定"原则,管辖恒定可以避免案件被随意移送,从而提高司法审判的效率,充分保护当事人的合法权益。民事诉讼管辖是互联网新型不正当竞争案件进入诉讼程序的第一步,因此对此类案件管辖权的研究具有重要意义。根据《民事诉讼法》和相关司法解释,民事诉讼管辖可以分为级别管辖、地域管辖、协议管辖、专属管辖等。

级别管辖是指上下级人民法院之间受理第一审民事案件的分工和权限。[2] 对于级别管辖,我国《民事诉讼法》第 17 条至第 20 条分别就各级人民法院的管辖权作了具体规定。互联网新型不正当竞争诉讼案件虽然有其特殊性,但在级别管辖上,一般参照普通民事诉讼有关级别管辖的规定进行确定。

根据我国《民事诉讼法》及相关司法解释,级别管辖主要结合案件特殊性、标的金额大小以及案件自身复杂程度来进行确定。然而,并没有对案件的复杂程度和特殊性做出量化标准,尽管规定了标的金额大小的具体数量标准,但由于我国经济快速发展和立法滞后的原因,使其已不符合实际需要。此外,互联网新型不正当竞争案件往往涉及高新技术,进一步加剧案件本身的复杂程度。根据对 1999 年至 2019 年的互联网新型不正当竞争案件受理法院的分析,级别管辖有下移的趋势。一方面,此类案件数量不断增加的同时,基层法院法官的素质也在不断提高;另一方面,此类案件的特殊性与传统不正当竞争行为相比,有了质的变化。综上所述,在确定互联网新型不正当竞争案件的级别管辖时,不仅应当依照《民事诉讼法》及相关司法解释的规定,还需要结合此类案件的特殊性,作出有利于诉讼各方的级别管辖裁定。

---

① 任重:《我国民事诉讼释明边界问题研究》,载《中国法学》2018 年第 6 期。
② 王亚新:《民事诉讼管辖:原理、结构及程序的动态》,载《当代法学》2016 年第 2 期。

地域管辖是指同级人民法院之间在各自的辖区内受理第一审民事案件的分工和权限,[①]进一步地分为一般地域管辖和特殊地域管辖。按照民事诉讼法的规定,一般地域管辖,又叫普通管辖,是指以当事人所在地与法院辖区的关系来确定管辖法院。[②] 我国《民事诉讼法》第21条[③]规定了"原告就被告"原则,即由被告住所地人民法院管辖,这是一般地域管辖的通行做法。实行"原告就被告"原则,一方面在于抑制原告滥用诉权,使被告免受原告不当诉讼的侵扰;另一方面有利于法院通知被告参加诉讼,便于对诉讼标的物进行保全或勘验以保证判决的执行。互联网新型不正当竞争案件也遵循这一原则。

特殊地域管辖是指根据诉讼标的地或者引起法律关系发生、变更、消灭的法律事实所在地为标准确定的管辖。[④] 互联网领域确定民事诉讼的特殊地域管辖时,亦是如此。在互联网新型不正当竞争案件中,法院一般适用《民事诉讼法》第28条关于侵权纠纷管辖的规定,即由侵权行为地或者被告住所地人民法院管辖。[⑤] 具言之,当互联网新型不正当竞争案件涉及对商标专用权、著作权等知识产权侵犯时,除了被告住所地外,侵权行为实施地、被诉侵权行为的网络服务器、计算机终端等设备所在地、侵权结果发生地、被侵权人住所地等侵权行为地也有管辖权。[⑥]

专属管辖是地域管辖的一种。法律规定某些案件必须由特定的法院管

---

① 肖建国、庄诗岳:《论互联网法院涉网案件地域管辖规则的构建》,载《法律适用》2018年第3期。

② 郑旭江:《互联网法院建设对民事诉讼制度的挑战及应对》,载《法律适用》2018年第3期。

③ 《民事诉讼法》第21条:对公民提起的民事诉讼,由被告住所地人民法院管辖;被告住所地与经常居住地不一致的,由经常居住地人民法院管辖。对法人或者其他组织提起的民事诉讼,由被告住所地人民法院管辖。同一诉讼的几个被告住所地、经常居住地在两个以上人民法院辖区的,各该人民法院都有管辖权。

④ 王次宝:《民事一般管辖与特殊管辖的冲突及其消解》,载《当代法学》2011年第6期。

⑤ 不正当行为是否属于侵权行为,目前学界存在争议。有的学者认为属于侵权行为,有的学者则持反对观点。究竟属于哪一种行为在此不作过多讨论,本书仅从实证角度出发,通过对案件的分析得出结果。

⑥ 参见《最高人民法院关于适用〈中华人民共和国民事诉讼法〉的解释》第24条、第25条和《最高人民法院关于审理涉及计算机网络著作权纠纷案件适用法律若干问题的解释》第1条。

理,当事人不能以协议的方式加以变更。① 我国尚未针对互联网新型不正当竞争案件指定专属法院管辖。协议管辖又称合意管辖或者约定管辖,是指双方当事人在合同纠纷或者财产权益纠纷发生之前或发生之后,以协议的方式选择解决他们之间纠纷的管辖法院。② 根据互联网新型不正当竞争案件的性质,实践中不可能事先约定争议解决的法院;并且据 1999 年至 2019 年的统计数据显示,也不存在事后约定管辖法院的情形。

互联网新型不正当竞争案件民事诉讼的管辖除了要遵循《民事诉讼法》关于级别管辖、地域管辖的一般规定外,根据全国人大常委会《关于在北京、上海、广州设立知识产权法院的决定》,知识产权法院可不受一般管辖权的限制,受理部分涉及知识产权的互联网新型不正当竞争案件。知识产权法院可能对部分互联网新型不正当竞争案件享有管辖权。如 2019 年 1 月 6 日北京知识产权法院终审认定"世界之窗浏览器"过滤广告功能构成不正当竞争,判决世界星辉公司赔偿腾讯公司经济损失及合理支出 189 万余元。③

此外,根据 2018 年 9 月 7 日正式施行的《最高人民法院关于互联网法院审理案件若干问题的规定》,通过电子商务平台签订或者履行网络购物合同而产生的纠纷,签订、履行行为均在互联网上完成的金融借款合同纠纷、小额借款合同纠纷等均在互联网法院管辖范围内。④ 鉴于此,互联网法院可能对部分互联网新型不正当竞争案件享有管辖权。如:2018 年 8 月 16 日杭州互联网法院对原告淘宝(中国)软件有限公司与被告安徽美景信息科技有限公司涉"生意参谋"零售电商数据平台不正当竞争纠纷案进行网上公开宣判,并且这是杭州互联网法院宣判的首例大数据产品不正当竞争纠纷案。⑤

---

① 阮开欣:《知识产权侵权专属管辖之驳论》,载《华中科技大学学报(社会科学版)》2018 年第 6 期

② 林欣宇:《涉外协议管辖中实际联系原则的理性思辨与实践探索》,载《法律适用(司法案例)》2018 年第 24 期。

③ 新华社:《北京知识产权法院:浏览器过滤视频广告属不正当竞争》,http://www.xinhuanet.com/zgjx/2019-01/07/c_137724993.htm,下载日期:2019 年 4 月 10 日。

④ 蓝鲸财经:《最高法明确互联网法院管辖范围》,https://baijiahao.baidu.com/s? id=1610929611008498273,下载日期:2019 年 4 月 12 日。

⑤ 余建华、卢忆纯:《全国首例大数据产品不正当竞争案公开宣判》,https://www.chinacourt.org/article/detail/2018/08/id/3462143.shtm,下载日期:2018 年 8 月 18 日。

三、互联网新型不正当竞争案件管辖权对传统管辖权理论的冲击

通过仔细梳理 1999 年至 2019 年 3 月的判决书,不难发现,互联网新型不正当竞争确实给传统的管辖权理论带来了不小的冲击。主要体现在两个方面:一方面网络的虚拟性和交互性导致被诉行为实施主体的界限模糊且身份难以确定;另一方面网络空间性致使被诉行为具有复杂性和隐蔽性。

网络的虚拟性和交互性导致被诉行为实施主体的界限模糊且身份难以确定,使得传统管辖权中的管辖制度难以适用。通过传统管辖权制度,传统的不正当竞争案件的管辖法院会很快被确定下来。但是在互联网领域,任何国家的任何人都可以借助互联网实施新型不正当竞争行为。其中,法人和自然人还可单独或共同实施新型不正当竞争行为。尽管能够确定某个自然人实施了互联网新型不正当竞争行为,但是由于互联网的虚拟性,对此自然人的身份同样难以界定,会造成管辖权法院无法确定的尴尬局面。

网络的全球性和空间性损害了法律与物理位置的关系,颠覆了基于物理空间所制定的规则体系,使得传统的地域管辖规则难以适用于互联网新型不正当竞争案件中。传统的地域管辖规则一般根据法院辖区与当事人所在地之间的隶属关系来确定管辖权,例如居住地、住所地、合同履行地等。但是,在互联网领域,实施新型不正当竞争的行为人可能是流动的,侵权行为持续时间或许会很短,导致被诉行为的发生地和结果地有可能重合,也可能不一致。一般而言,侵权行为发生地是指侵权人实施侵权行为的计算机设备所在地,但侵权行为结果地相当广泛,任何一个可以访问该计算机系统的地方都有可能被视为侵权行为结果发生地。如果将侵权行为结果地视为被诉新型不正当竞争的管辖法院所在地,很有可能造成管辖法院的混乱。这是因为这种管辖权确定方式可能使全国每个法院均有管辖权,并且也使得确定管辖的意义不复存在。

第二节　互联网新型不正当竞争案件管辖的实证揭示

为了更加深入地研究互联网新型不正当竞争案件管辖权问题,有必要对 1999 年至 2019 年受理互联网新型不正当竞争案件的法院进行数据分析,通

过对统计数据的横纵向对比,以此来揭示互联网新型不正当竞争案件中存在的争议。

一、互联网新型不正当竞争案件管辖的实证分析

表 7-1　互联网新型不正当竞争的管辖法院

		频率	百分比	有效百分比	累积百分比
有效	基层法院	134	55.3	55.3	55.3
	中级法院	105	43.3	43.3	98.6
	高级法院	3	1.4	1.4	100.0
	合计	242	100.0	100.0	—

表 7-2　1999—2010 年互联网新型不正当竞争管辖法院

		频率	百分比	有效百分比	累积百分比
有效	基层法院	26	28.2	28.2	28.2
	中级法院	65	71.8	71.8	100.0
	合计	91	100.0	100.0	—

表 7-3　2011—2019 年互联网新型不正当竞争管辖法院

		频率	百分比	有效百分比	累积百分比
有效	基层法院	108	71.5	71.5	71.5
	中级法院	40	26.2	26.2	97.7
	高级法院	3	2.3	2.3	100.0
	合计	151	100.0	100.0	—

表 7-4　互联网新型不正当竞争的省份分布

		频率	百分比	有效百分比	累积百分比
有效	安徽	1	0.4	0.4	0.4
	北京	129	53.3	53.3	53.7
	福建	6	2.5	2.5	56.2
	甘肃	2	0.8	0.8	57.0
	广东	20	8.3	8.3	65.3
	河北	1	0.4	0.4	65.7
	河南	2	0.8	0.8	66.5
	湖北	3	1.2	1.2	67.8
	湖南	1	0.4	0.4	68.2
	江苏	6	2.5	2.5	70.7
	江西	4	1.7	1.7	72.3
	辽宁	1	0.4	0.4	72.7
	山东	12	5.0	5.0	77.7
	陕西	2	0.8	0.8	78.5
	上海	31	12.8	12.8	91.3
	四川	2	0.8	0.8	92.1
	天津	1	0.4	0.4	92.6
	云南	1	0.4	0.4	93.0
	浙江	17	7.0	7.0	100.0
	合计	242	100.0	100.0	—

表 7-5　被告是否提起管辖权异议

		频率	百分比	有效百分比	累积百分比
有效	是	51	21.1	25.1	25.1
	否	152	62.8	74.9	100.0
	合计	203	83.9	100.0	—
缺失	系统	39	16.1	—	—
合计		242	100.0	—	—

表 7-6　法官是否支持管辖权异议

		频率	百分比	有效百分比	累积百分比
有效	是	7	2.9	13.7	13.7
	否	44	18.2	86.3	100.0
	合计	51	21.1	100.0	—
缺失	系统	191	78.9	—	—
合计		242	100.0	—	—

　　我们可以从整理的互联网新型不正当竞争一审案件的数据表格中看出，55.3％的一审案件由基层人民法院管辖，有 43.3％的一审案件由中级人民法院管辖，1.4％的一审案件由高级人民法院管辖。其中，2010 年是一个明显的分水岭。在 2010 年以前，71.8％的一审案件由中级人民法院管辖；而在 2010 年之后，71.5％的案件由基层人民法院管辖。在这些互联网新型不正当竞争案件中，由北京市的法院管辖的共有 129 件；其次是上海市，共有 31 件；位列第三的是广东省，共 20 件。有 21.1％的案件被告提出了管辖权异议，62.8％的案件被告没有提出管辖权异议。在所有被告提出的管辖权异议案件中，有 86.3％的案件被法官驳回了管辖权异议，只有 13.7％的案件法官支持了被告的管辖权异议。

　　从上面的数据我们可以得出两个结论。第一，由各基层人民法院审理的互联网新型不正当竞争案件数量最多，且从 1999 年至 2019 年 3 月，每一年的案件数量呈递增趋势，这或许是导致 2010 年后"中级法院案件变少、基层人民法院案件变多"的主要原因。甚至出现了 2010 年前中院审理的互联网新型不正当竞争案件与 2010 年之后基层法院审理的互联网新型不正当竞争案件比例相当的情况。第二，北京、上海、广州三个地区各级人民法院管辖的互联网新型不正当竞争案件数量整体位于全国前列，说明经济的发达程度会间接影响到案件数量的多寡。尤其是互联网行业发展迅猛的高新技术经济区，受理的互联网新型不正当竞争案件数量会相应地比欠发达地区多。

二、互联网新型不正当竞争案件管辖的异议揭示

　　在互联网新型不正当竞争案件中，就案件管辖引起的纷争并不少见。为了进一步研究互联网新型不正当竞争案件管辖异议的具体内容，结合以上数

据分析和判决文书内容,可从整体上和具体形式来揭示互联网新型不正当竞争案件管辖异议。

整体上,互联网新型不正当竞争案件的管辖权异议呈现出"比例不低但大多数被驳回"的态势。在 51 起互联网新型不正当竞争管辖异议案件中,仅有 7 个案件异议成功,44 个案件被驳回。

具体而言,互联网不正当竞争案件的管辖异议的表现形式多种,主要包括以下五种类型。

(一)原告因无法证明选择诉讼法院而导致被告提起管辖异议

如在"北京万博在线网络信息技术有限公司诉深圳市海润广告有限公司等侵犯著作权及不正当竞争纠纷案"中,原告虽然有证据证明被控侵权网站使用的 IP 地址的提供者是 CHINA-BJ,但是原告无法证明被诉侵权行为的网络服务器所在地的确切地址,也无法证明被诉侵权行为的计算机终端等设备所在地属于诉讼法院辖区范围。

(二)原告可任意选择法院导致被告对管辖不服

在互联网新型不正当竞争案件中,原告选择范围甚广,常选择原告方所在地法院从而引起被告对管辖不服。如在"北京百度网讯科技有限公司诉武汉亿房信息股份有限公司等侵害商标权及不正当竞争纠纷管辖权异议案"中,选择的管辖法院与原告住所地法院相重合,但实质上是依据侵权结果发生地的效果来确定,侵权结果发生地或多或少都会跟原告住所地有所交叉。但被告认为原告选择自己所在地的法院提起诉讼的行为不符合管辖规定,故而提起管辖权异议。

(三)当互联网新型不正当竞争案件涉及知识产权时,受理法院不符合复杂的知识产法管辖规定而使被告提起管辖异议

如在"印步(北京)软件有限公司与印步软件有限责任公司不正当竞争纠纷上诉案"中,被告认为本案只是一般的知识产权案件,且根据《最高人民法院关于印发基层人民法院管辖第一审知识产权民事案件标准的通知》,本案标的额才 30 万,且远低于该通知规定 500 万元以下的标准,被告住所地法院应为朝阳区人民法院。

(四)被告故意行使管辖权异议的诉讼权利

如在"百度在线网络技术(北京)有限公司等诉北京奇虎科技有限公司等不正当竞争纠纷案""北京奇虎科技有限公司诉百度在线网络技术(北京)有限

公司等不正当竞争纠纷案"中,被告均提出了双方当事人在本行业中具有一定的影响,进而主张应当进一步考虑是否在更大范围的辖区内也具有一定的影响,因此要求由北京市高级人民法院进行一审审理。

(五)诉讼双方当事人均为了选择有利于自己的受理管辖法院,而导致被告提起管辖异议

原告尽量选择便于自己诉讼的法院起诉,而被告有时为了想通过行使管辖异议到更高级别的法院,来提高案件审理的专业性。如在"百度在线网络技术(北京)有限公司等诉北京奇虎科技有限公司等不正当竞争纠纷案"中,被告认为此案影响重大,应该由最高人民法院审理。

第三节　互联网新型不正当竞争案件管辖异议的原因分析

管辖异议制度旨在给予被告提出异议的权利,以平衡原告的起诉优势。[1]然而在互联网新型不正当竞争案件中,却出现"管辖异议频现但成功率不高"的"管辖权异议制度变质"现状。导致该乱象的原因也是管辖异议制度理性归位的羁绊所在,唯有剖析"管辖权异议制度变质"的深层次原因,方能采取相应措施予以回应与修复。

一、现有管辖规定难以满足互联网发展所需

相对于传统的不正当竞争行为来说,互联网新型不正当竞争行为具有隐蔽性和复杂性,表现为网络服务器、计算机终端等设备数量的不唯一性。例如在"腾讯与奇虎不正当纠纷管辖权异议二审民事裁定书"中,除了网络服务器之外,还涉及中转服务器。由于诉讼当事人之间存在信息不对称,原告很难将被诉互联网新型不正当竞争行为与某个具体的网络服务器相对应。此外,许多大型互联网公司一般会有两个或两个以上网络服务器,每台服务器在种类和功能上有所差异,不同服务器对应网站所提供的服务和内容也不尽相同,导致原告需要花费大量的时间和成本尽可能确定被告的哪一互联网新型不正当

---

[1]　黄忠顺:《论应诉管辖制度的司法嬗变及其规则构建》,载《中国法学》2018年第5期。

竞争行为实质上侵害了自己的利益。

　　除此之外,在认定互联网新型不正当竞争案件的侵权行为地时,多数情况下都依据网络服务器和计算机终端等设备所在地来确定侵权行为地。尽管服务器与计算机终端是非流动性的,但是由于互联网具有高技术的特征,使得一方当事人的举证责任过重,一旦无法举证,意味着需要承担不利后果,而另一方当事人对于自己服务器和网络终端的所在地是非常熟悉和了解的,但是无须证明这一点,这显然造成了举证责任分配的不公。虽然《最高人民法院关于审理涉及计算机网络著作权纠纷案件适用法律若干问题的解释》第1条已经规定了"对难以确定侵权行为地和被告住所地的,原告发现侵权内容的计算机终端等设备所在地可以视为侵权行为地",但是在司法实践中没有得到很好实施。对于"难以确定侵权行为地和被告住所地"这一点的判定到底是以原告为标准还是以被告为准,法律并没有规定。

二、原告选择诉讼法院的范围较大且主观随意性强

　　由于互联网新型不正当竞争案件管辖没有统一的、能普遍适用的法律规定,《民事诉讼法》第35条便成为原告随意选择诉讼法院的法律依据。《民事诉讼法》第35条[①]规定:"两个以上人民法院都有管辖权的诉讼,原告可以向其中一个人民法院起诉;原告向两个以上有管辖权的人民法院起诉的,由最先立案的人民法院管辖。"然而,可受理互联网新型不正当竞争案件的法院较多,如被告住所地、侵权行为实施地、侵权结果发生地等,并且侵权行为地又因被诉侵权行为的案情不同会有不同司法解释的规定。如侵害信息网络传播权的互联网新型不正当竞争案件中,被诉侵权行为的网络服务器、计算机终端、被告住所地等设备所在地均有管辖权,尽管侵权行为地很难确定抑或是在境外,只要原告发现实施侵权行为的计算机终端、服务器等设备所在地均可以被视为侵权行为地。鉴于此,原告可综合诉讼成本、便利等各种因素,选择利于自己的诉讼法院,这容易导致被告不服而提起管辖权异议。如在"上海美宁计算机软件有限公司与北京指南针科技发展股份有限公司不正当竞争纠纷上诉案"[②]中,被告认为原告为了制造管辖连接点将时代公司和网讯公司列为被

---

　　①　2007年《民事诉讼法》为第22条第3款,为了方便起见,统一以2012年《民事诉讼法》的法条为准。

　　②　参见北京市第一中级人民法院(2012)一中民终字第9913号判决书。

告,立案受理后撤回对两公司诉讼请求是滥用诉权,应当移送管辖。

除了原告选择诉讼法院的范围较大以外,原告选择诉讼法院的主观随意性也强。互联网新型不正当竞争案件中,原告一般会在多个有管辖权的法院选择一个最佳法院,通常为原告住所地法院。这是因为,2000 年《最高人民法院关于审理涉及计算机网络著作权纠纷案件适用法律若干问题的解释》原则性地规定了只有当难以确定侵权行为地和被告住所地时,原告发现侵权内容的计算机终端等设备所在地(通常原告就是在其住所地的计算机终端发现侵权内容)可以视为侵权行为地。后来,2015 年《最高人民法院关于适用〈中华人民共和国民事诉讼法〉的解释》第 15 条明确规定了原告住所地可以作为侵权结果发生地后,基本上所有在互联网领域发生的不正当竞争案件,无论是否为新型不正当竞争行为,均可以认定为信息网络上的侵权行为,并适用该条司法解释。原告住所地法院便成为互联网新型不正当竞争案件实质上的唯一管辖法院,这与传统的"原告就被告"的管辖确定原则不符,使得被告不得不行使管辖权异议权利来维护自己的利益。尽管有人开始质疑原告住所地法院成为唯一受理法院的合理性,但也未改变最终的结果。如在"温州创想网络科技有限公司与北京爱奇艺科技有限公司不正当竞争纠纷上诉案"[1]中,虽然合议庭对采用原告住所地法院管辖有异议,但最终以多数意见原则适用《最高人民法院关于适用〈中华人民共和国民事诉讼法〉的解释》。

原告选择诉讼法院的主观随意性还表现在:原告可以通过确定赔偿数额的大小来影响管辖法院的级别,也可以通过有选择性地起诉部分不正当竞争者来影响管辖法院。换言之,在立案阶段,原告有一定的自由选择权来确定诉讼对象和赔偿数额大小。这是因为,诉讼对象可能涉及被告住所地的问题,这直接关系到地域管辖;赔偿数额大小代表案件标的的大小,从而直接影响到受理法院的级别。原告为了便于诉讼,可通过自由选择被告[2]从而鳞选出对自己有利的地域管辖或者故意为了提高审级或降低审级而扩大或缩小赔偿数额。这一行为容易引起被告的不满,从而引发管辖权异议。如在"北京百度网讯科技有限公司与北京奇虎科技有限公司不正当竞争纠纷案"中,被告认为:

---

[1] 参见北京市高级人民法院(2014)高民(知)终字第 4003 号裁定书。

[2] 前文已经提到过,如上海美宁计算机软件有限公司与北京指南针科技发展股份有限公司不正当竞争纠纷上诉案中,存在原告在起诉时选择了一个被告的住所地法院管辖,但是又撤回了对该被告的起诉,导致另一被告认为原告在恶意制造管辖。

"虽然北京市高级人民法院《关于北京市各级人民法院受理第一审知识产权民事纠纷案件级别管辖的规定》明确了诉讼标的额在 1000 万元以上不满 2 亿元的不正当竞争纠纷案件应由中级人民法院管辖。但不应僵化理解该规定,诉讼标的额不是判断管辖法院的唯一标准,真正衡量因素应当是对当事人诉讼及法院审理的影响。本案诉争事实是百度公司在百度手机卫士微博上组织活动是否构成诋毁奇虎公司的商誉,无论是实际的经济损失还是本案案情的复杂程度都不能满足中级法院审理的必要性。奇虎公司提出的高额赔偿没有任何事实依据,完全是为了达到由中级法院受理该案的目的,会导致司法资源的浪费和诉权的被滥用。并且,在其他与本案所诉事由完全相同的案件中,奇虎公司均选择在基层法院起诉。奇虎公司在本案中是故意提出高额赔偿来提高级别管辖,有其不良企图。"①

三、涉及知识产权的案件管辖规定复杂

很多互联网新型不正当竞争涉及知识产权侵权的问题,如侵犯信息网络传播权行为、侵犯注册软件权利行为等。然而,有关知识产权案件管辖的规定有很多,从级别管辖、地域管辖上均有涉及。有关地域管辖的规定有《最高人民法院关于审理侵害信息网络传播权民事纠纷案件适用法律若干问题的规定》《最高人民法院关于审理商标民事纠纷案件适用法律若干问题的解释》等司法解释;有关级别管辖的批复详细到知识产权案件的标的数额、是否包含有涉外因素等。当互联网新型不正当竞争案件与知识产权因素一结合,管辖冲突或竞合的事情就时常发生。如在"北京畅游时代数码技术有限公司诉北京手游天下数字娱乐科技有限公司等不正当竞争纠纷案"②中,不单是因为原审法院不是被告住所地也不是侵权行为地,而是根据《最高人民法院关于印发基层人民法院管辖第一审知识产权民事案件标准的通知》,北京市石景山法院尚无审理资格。

四、部分被告滥用管辖权异议制度

管辖权异议的频发可能与被告恶意滥用管辖权异议权利有关。法律赋予原告在一定范围内选择管辖法院、被告、赔偿数额的权利,同时赋予被告提出

---

① 参见北京市东城区人民法院(2013)东民初字第 08310 号民事判决书。
② 参见北京市石景山区人民法院(2014)石民初字第 4569 号裁定书。

针对原告的选择法院提出管辖权异议的权利。在司法实务中,难免有的被告律师为了拖延诉讼,针对原告的起诉不问原因便提起管辖权异议,首次异议不成功便上诉。提起管辖权异议的理由也是千奇百怪,毫无依据可言。如在"百度在线网络技术(北京)有限公司等诉北京奇虎科技有限公司等不正当竞争纠纷案"①、"北京奇虎科技有限公司诉百度在线网络技术(北京)有限公司等不正当竞争纠纷案"②中,被告均提出了双方当事人在本行业中具有一定的影响,进而主张应当进一步考虑是否在更大范围的辖区内也具有一定的影响,因此要求由北京高院进行一审审理。"在行业内有一定影响力"作为管辖权异议的理由并没有具体的法律依据。再如在"南京金三力橡塑有限公司诉南京企航橡塑有限公司等不正当竞争纠纷案"③中,被告要求参照适用《最高人民法院关于审理涉及计算机网络著作权纠纷案件适用法律若干问题的解释》第 1条,而事实上该司法解释已经被废止。此外,还有许多案件中被告管辖权异议的理由甚至不符合最基础的管辖常识。如认为不正当竞争案件作为侵权案件既然可以凭侵权行为的相关司法解释确定管辖,那自然也可以直接按照"原告就被告"原则选择被告住所地;还有的认为被告住所地不属于原审法院辖区内。④

五、原、被告双方均在争取管辖优势

不容忽视的是,造成管辖权异议频现的原因还在于原、被告双方均在争取管辖优势。任何一个理性诉讼当事人都会偏向选择成本更低的法院管辖,无论是原告还是被告,都会选择一个能够对自己有利的管辖法院。对自己有利不仅是与法院沟通上的便利、代理律师人脉上的便利,更是交通上的便利、诉讼成本上的便利。从地域上讲,互联网新型不正当竞争案件中原、被告通常距离很远,必然会觉得诸多不便。所以原告会尽量在拥有多种选择的情况下选择最利于自己的管辖法院,此时被告也会充分利用自己的管辖权异议权利争

---

① 参见北京市第二中级人民法院(2014)二中民初字第 06073 号裁定书。
② 参见北京市高级人民法院(2014)高民(知)终字第 02480 号裁定书。
③ 参见南京铁路运输法院(2015)宁铁知民初字第 00025 号裁定书。
④ 例如深圳聚网视科技有限公司与北京爱奇艺科技有限公司、心梦想(上海)信息科技有限公司其他不正当竞争纠纷案,参见上海知识产权法院(2015)沪知民终字第 21 号裁定书。

取到对自己有利的法院管辖。从审级上讲,由于互联网新型不正当竞争案件对互联网专业性要求较强,并且存在许多法律适用上的困难,普通的基层法院甚至是中院可能因为专业能力不足的问题难以妥善处理这类案件[①],因此原、被告都想通过各种方式来提高审级。[②] 此外,原告还可能利用选择诉讼法院的权利故意制造管辖链接,被告为了自身诉讼利益的考量也会故意提出管辖权异议。尽管从制度的设计上,赋予被告的管辖权异议是为了克服地方保护主义,但现实是司法解释为了解决互联网侵权行为连接点管辖的不确定性,额外制造了地方保护主义。如 2015 年《最高人民法院关于适用〈中华人民共和国民事诉讼法〉的解释》第 24 条、第 25 条自适用以来,被侵权人住所地作为侵权结果发生地,造成原告积极选择自己的住所地法院管辖。这一规定隐形地增加了被告的参诉成本,被告便通过管辖权异议来维护自己的诉讼权益,并且管辖权异议的成本低,同样能达到拖延诉讼的效果,以此增加对方的诉讼成本。[③]

第四节　互联网新型不正当竞争案件管辖的规则完善

互联网经济的高速发展为我们的生活和经济发展带来了深刻影响,但同时也冲击着以传统经济为背景而制定的法律法规。为了更好地解决互联网新型不正当竞争案件中的管辖纷争,有必要综观其他国家有关管辖制度设置的做法,在此基础上提出适合我国互联网经济发展实情的管辖规范。

美国凭借丰富的实践经验,擅长将传统管辖权理论与网络案件的特殊性

---

① 如在 2012 年的北京百度网讯科技有限公司、百度在线网络技术(北京)有限公司诉北京奇虎科技有限公司、奇智软件(北京)有限公司不正当竞争案中,北京市高级人民法院首次确立的"非公益不干扰原则",体现出互联网新型不正当竞争的复杂性与对审级专业性的更高要求。

② 例如在百度在线网络技术(北京)有限公司等诉北京奇虎科技有限公司等不正当竞争纠纷案中,被告认为此案影响重大,认为应当由北京市高院一审。参见(2014)二中民初字第 06073 号裁定书。

③ 王跃龙、黄永乐:《民诉环节牵连性法则不容忽视——管辖权异议对后续活动的制约》,载《法学》2006 年第 3 期。

相结合,进行大量的尝试,并提出了"长臂管辖权理论"(又称最低限度接触原则)和"最低联系标准理论"。长臂管辖权(Long arm jurisdiction)是美国民事诉讼中的一个重要概念。当被告住所不在法院所在的州,但和该州有某种最低联系(Minimum contacts),而且所提权利要求的产生和这种联系有关时,就该项权利要求而言,该州对于该被告具有属人管辖权(虽然他的住所不在该州),可以在州外对被告发出传票。这就是长臂管辖权的应用。① 最低联系标准理论是美国联邦最高法院于1945年在国际鞋业案中所确立的标准,如果非法院地居民与法院地间存在某种最低联系以致在该法院进行诉讼不会违反"平等与实质正义的传统观念"时,则法院对该被告行使管辖权便是符合正当程序要求的。② 这两个理论在一定程度上适应了互联网新型不正当案件中的管辖权问题,将属人管辖权的管辖依据从传统活动中建立的联系扩展到通过网络活动所建立的联系,在决定管辖法院时,关注的不再是被告与法院地间的物理联系,而是被告与法院地间的其他关系。不可否认的是,这两个理论也有其局限性,过分强调了网络空间的虚拟性和独立性,如果不能与物理空间中的某一国家的管辖权相结合,则该理论是没有实际价值的。同时,还主张通过自身的技术力量来解决问题,对网络空间管辖权的大小取决于该国所控制网络的范围和能力。③ 这对于技术落后国家或地区的市场主体而言是不公平的,也是不合理的。

有的美国学者建议应该跳出传统地域管辖的观念,提出管辖权相对理论。该理论认为网络空间应该作为一个新的管辖区域而存在,应在此理论基础上建立不同于传统规则的新的管辖原则。④ 管辖权相对理论对于解决传统地域管辖规则的不足有一定的借鉴意义,但是,由于网络空间争端的形式多种多样,管辖权相对理论只能适用于其中的一部分情形,并且网络空间的争端中诉讼双方的权利、义务和责任都必须在网络空间之外的现实法院中得以实现,这难免增加了经济成本和错误概率。

欧盟各国法院为了保护被侵权人的利益,促进网络健康有序发展,强化了

---

① Sher v.Johnson.911 F.2d 1357(1990).

② 郭玉军、向在胜:《网络案件中美国法院的长臂管辖权》,载《中国法学》2002年第6期。

③ 梅绍祖:《电子商务法律规范》,清华大学出版社2000年版,第136页。

④ 卓翔:《对网络侵权案件的司法管辖》,载《法学论坛》2001年第3期。

对网络侵权的民事管辖。1999年《欧盟电子商务司法管辖权指令（草案）》规定，因电子商务纠纷提起的诉讼，欧洲各法院可将消费者所在地作为管辖法院，而不问这些公司是否曾积极寻求在法院地销售其产品。该规定也被称为"源地管辖权理论"，侧重于保护消费者的利益。① 这对于我国重新设置互联网领域纠纷的管辖制度有很大的借鉴意义。

综上所述，为解决我国互联网新型不正当竞争案件管辖权纷争的问题，可从以下几点展开。

一、重新平衡原被告诉讼权利的大小

若在互联网新型不正当竞争案件的管辖法院确定中继续适用《最高人民法院关于适用〈中华人民共和国民事诉讼法〉的解释》第25条，将造成司法实务中存在两大乱象。第一，信息网络侵权行为的管辖规定实质上成为互联网新型不正当竞争管辖的固定常引条款。2015年以后，无论互联网新型不正当竞争还是互联网领域内传统不正当竞争行为，法院均认定为信息网络侵权行为而适用《最高人民法院关于适用〈中华人民共和国民事诉讼法〉的解释》第25条。第二，该司法解释将原告住所地确认为侵权结果发生地，尽管有多种选择，原告也会更倾向于选择原告住所地作为起诉法院，原告住所地法院成为实质上唯一选择。这两个问题的存在便成为引发滥用管辖权异议的导火索。

虽然大多数认为信息网络侵权行为管辖以原告住所地作为管辖权链接点是比较合适。丛立先教授认为将原告住所地作为互联网侵权案件的管辖地，既保证诉讼的便利，让受理法院在管辖范围内充分考量原告受损程度，又不会造成被侵权人因跨地区诉讼的损失无法得到补偿。② 郭振兰博士认为原告住所地、侵权行为地有序管辖原则是解决确定管辖权的不二之选。③ 杨介寿律师认为原告住所地由于其确定性和起诉的便利性，应当得到优先适用。④ 原

---

① ［法］埃马纽埃尔·米修：《法国与欧洲信息技术法律事务指南》，卢胜辉译，中国法制出版社2000年版，第330页。

② 丛立先、张潇潇：《网络知识产权侵权案件的地域管辖》，载《东北大学学报（社会科学版）》2011年第9期。

③ 郭振兰：《网络不正当竞争法律问题研究》，中南大学2014年博士论文。

④ 杨仁寿：《论网络侵权案件的地域管辖——兼论最高人民法院两个司法解释的不足》，网址：http://china.findlaw.cn/bianhu/xsssfzs/guanxia/zgrmfwgx/，下载日期：2016年12月21日。

告住所地之所以能够作为信息网络侵权行为的管辖连接点,大多数学者的积极主张为最终写入了 2015 年《最高人民法院关于适用民事诉讼法解释》奠基了理论基础。但也有学者提出不同的意见,原告有权在起诉时选择案件的管辖法院,当原告住所地或者其他侵权行为地均有管辖权时,原告基本上会从方便自己的角度去选择前者,①这样容易导致被告不服而提起管辖权异议之诉,造成更大的司法资源浪费。

原告住所地法院成为互联网新型不正当竞争案件的管辖法院,在解决网络侵权行为中原告诉讼困境方面发挥了积极的作用,这种积极效果不能忽视。② 但是,我们也要认识到,便利原告的结果会相对地造成对被告的不便。鉴于此,本书认为,原告住所地法院作为一个有效的连接点不能被废除,但原告在选择原告住所地法院时需要说明选择原因,需论证充分,被告可就原告的选择理由进行答辩,最终由受理法院决定案件管辖法院。这样设置一方面可以解决原告的举证问题《最高人民法院关于审理侵害信息网络传播权民事纠纷案件适用法律若干问题的规定》第 15 条规定,原告需要证明不能知悉被告住所地、实施侵权服务器所在地时才能选择原告住所地法院管辖。另一方面,被告对原告选择原告住所地法院的论证有管辖答辩的权利,若答辩理由能够说服受理法院的法官,便可移送至其他有管辖权的法院。需要注意的是,被告就管辖的答辩意见并不能启动管辖权异议程序,并不会造成延长诉讼的后果。给予原告选择原告住所地法院的权利,同时赋予被告就管辖答辩的权利,能够平衡原、被告之间诉讼权利的大小,减少不必要的摩擦。此外,相比《最高人民法院关于审理侵害信息网络传播权民事纠纷案件适用法律若干问题的规定》第 15 条的规定,可为原告节省一部分的诉讼成本,减少原告证明侵权服务器所在地的证明难度。

---

① 郭翔:《涉网案件地域管辖规则修改问题刍议》,载《法学家》2011 年第 5 期。

② 例如,在"3Q 大战"中,除了网络服务器之外,还涉及中转服务器。被诉行为在实施过程中有可能会通过数个服务器,由于信息的不对称,原告很难将被诉行为与某个具体的网络服务器相对应。实际上,在多数情况下,大型的互联网公司一般会有两个或两个以上网络服务器,每台服务器在种类和功能上也有差异性,服务器所对应的网站提供的服务和内容更是不尽相同,这时,原告需要花费大量的时间和成本尽可能确定被告的哪一实质行为侵害了自己的利益。因此,直接将原告住所地归纳在侵权结果发生地内可以完全避免这一问题。参见最高人民法院(2012)民三终字第 3 号裁定书。

二、网址可作为不正当竞争的行为地

在互联网领域,网址基于其唯一性和稳定性,可以被认定为不正当竞争的行为地,以此确定管辖权。这是因为网址可依据 IP 地址或域名实现精确查找。IP 地址是计算机在网络中必须具备的一个唯一地址,由四个十进制数组成,中间用小数点隔开。后来,因为网络访问者很难记住 IP 地址,便在 IP 地址上又发展出一种符号化的地址方案来代替数字的 IP 地址,也即域名。IP 地址和域名是一一对应的关系,可相互查找。IP 地址与域名结合后的网址与所有人之间的关系比较容易查明,就好比网址是市场竞争者在网络空间中类似于现实生活中的居所。此外,网络经营者不能随意更换网址。

将网址作为互联网新型不正当竞争的行为地,既符合时间和空间上的稳定性和确定性,又与管辖区域之间有着最低的联系,因此,网址可以作为确定互联网新型不正当竞争案件管辖权的一个依据。在互联网新型不正当竞争案件中,有大量的案件涉及域名和 IP 地址,在这种情况下,就可以将 IP 地址作为侵权行为地的参考。但需要注意的是,网址与现实的物理连接点受制于该网址的网络服务商所在的区域,或者拥有该网址的权利人所在地。

三、重视适用协议管辖原则

协议管辖是意思自治原则在司法管辖权领域的扩张,体现了对当事人处分权的尊重,可在民事纠纷发生前或发生后,以书面方式约定管辖法院。协议管辖可以减少主权者意志的冲突,调动经营主体的积极性。这是因为法律允许当事人根据案件所涉及的各方面的情况,选择最合适、最方便的法院来处理案件。同时,协议管辖有利于实现诉讼公平和效率,因融合了双方当事人的意志,可以防止原告单方面挑选法院,或者因原告的故意设计而给被告造成不必要的负担。我国早已在《民事诉讼法》第 34 条对协议管辖作了规定,当事人可以以书面协议选择被告住所地、合同履行地、合同签订地、原告住所地、标的物所在地等与争议有实际联系的地点的人民法院管辖,但不得违反本法对级别管辖和专属管辖的规定。

互联网新型不正当竞争案件的争议内容往往涉及双方当事人的财产权益,原、被告自然可适用协议管辖的相关规定。然而,在互联网新型不正当竞争司法实务中,双方当事人、受诉法院均未对协议管辖引起足够的重视,片面认为协议管辖乃事先约定管辖法院,忽视协议管辖制度在争议发生后也可以再约定。并且,随着北京、上海和广州三地设置了知识产权法院、全国各地设置了互联网法院,这为双方当事人在"平等协商"的基础上达成合意扩大了选择范围,原、被告双方可综合各种因素后,选择都能认可的管辖法院。这样既可以避免被告因不服原告的选择而提起管辖权异议之诉,还利于提高对判决内容的公正性、专业性的认同度,最终利于判决的执行。

四、坚持最密切联系原则

由于互联网新型不正当竞争行为存在跨地域性、行为实施主体的模糊性以及身份的难以确定性等特征,按照传统的管辖权规则,无法详尽列举管辖法院,同时这些特征也导致很难对互联网新型不正当竞争案件的具体管辖法院作出详细的规定。因此,不妨借鉴国际私法领域的"最密切联系原则"进行管辖法院的确定。"最密切联系原则"是指法院在审理涉外民商事案件中,在选择某一法律的准据法时,不按原来单一、机械的连接因素来决定应适用的法律,要综合分析与该法律有关的各种因素,确定哪一国家与案件事实和当事人有最密切联系,就以该国家的法律为法律关系的准据法。简言之,"最密切联系原则"是以实用主义为哲学背景,以追求正义为根本价值取向,是自由裁量权主义在国际私法领域的体现。[①]"最密切联系原则"作为确定管辖权的依据,具有一定的弹性空间,可以突破传统管辖权规则中连接点过于僵硬的困境,能够在处理互联网新型不正当竞争案件管辖问题上发挥重要作用。根据"最密切联系原则",可以将与互联网新型不正当竞争案件存在密切联系的连接点作为管辖法院,诸如网址、域名注册所在地、有交互式关联的服务器等设备所在地、行为主体登记所在地等。另外,在具体的案件中赋予法官一定的自由裁量权,可根据实际情况找到最符合条件的连接点,进而以"最密切联系原则"确定合适的管辖机关或者法院。因此,在确定司法管辖权问题时,坚持司法管辖主权原则的前提下,与国际接轨,加强与国际间的合作,积极参与相关的全球互联网统一规则的制定和完善,构建我国互联网民事司法管辖权制度,健全域外司法协助制度。

---

① 徐伟功:《从自由裁量权角度论国际私法中的最密切联系原则》,载《法学评论》2000 年第 4 期。

五、合理规制恶意管辖权异议行为

虽然早就有研究关注规制滥用管辖权异议的行为,但在实务中仍然存在被告滥用管辖权异议权利的行为。原因何在? 实乃很多学者与实务工作者对滥用管辖权异议的行为提出了更严苛的制度化规制的主张,却忽略了滥用管辖权异议本身所隐藏着原告与被告之间的博弈。表面上管辖权异议的频发直接被定性为权利滥用,但是,深挖管辖权异议被滥用的深层次原因,可能与司法地方保护主义屡禁不止和被告追求诉讼成本最小化这两个方面有关。如前文所述,造成互联网新型不正当竞争管辖权异议频繁发生的原因之一,在于原本管辖制度设计上就倒逼被告通过管辖权异议来对抗原告,以争取管辖上的优势。

在互联网新型不正当竞争中,当案件没有被直接认定为信息网络侵权行为时,被告乘机找到管辖权异议的"缺口",很多时候就是纯粹地滥用管辖权异议权利,以此提高原告的诉讼成本或达到延长诉讼的目的。鉴于此,有必要对恶意滥用管辖权异议的行为予以合理规制。首先,针对滥用管辖权权利行为本身施以限制,若被告选择恶意行使管辖权异议权时,将遭受额外的诉讼压力,抑或是诉讼成本。例如在管辖权异议中贯彻诚实信用原则、建立对被侵权人因为管辖区异议受损的赔偿制度。其次,对滥用管辖权异议本身进行限制外仍不能达到彻底解决恶意行使管辖权的行为,还必须结合管辖权制度进行对症下药,即在管辖制度的设计上平衡原、被告双方就管辖权的权利大小。缩小原告任意选择的范围,同时在被告如此低成本的管辖权异议的基础上规定严格的管辖权异议适用条件。例如管辖权异议提起者需要承担管辖权异议的费用以及异议失败的罚金。

第八章
互联网新型不正当竞争案件的证据制度

在论述完互联网新型不正当竞争行为的根本规制理念、规制标准及具体规制规则之后,还应当将视角转向互联网新型不正当竞争案件的证据制度,才能确保实体权利的最终落实,毕竟证据是整个诉讼活动的基础和核心,证据制度的健全及完善关乎案件当事人权利的实现,因此,对互联网新型不正当竞争案件的证据制度研究尤为重要。在互联网新型不正当竞争案件中,证据制度存有如商业报告、统计数据等欠缺规范性、专家证人制度缺失、举证分配责任制度失衡等诸多缺陷。有鉴于此,本部分拟将立足于互联网新型不正当竞争案件现有证据制度,剖析其存在的不足,试图提出完善互联网新型不正当竞争案件证据制度的相关建议。

第一节　互联网新型不正当竞争案件证据制度的实证揭示

本部分提取了 242 个涉及互联网新型不正当竞争行为的案例作为样本,利用 SPSS 软件对举证部分进行了频次分析,得到了文中的相关数据以及启示。

一、关于实践中引入专家证人的实证分析

表 8-1　是否引入专家证人

		频率	百分比	有效百分比	累积百分比
有效	是	5	2.1	2.7	2.7
	否	181	74.8	97.3	100.0
	合计	186	76.9	100.0	—
缺失	系统	56	23.1	—	—
合计		242	100.0	—	—

从表 8-1 可以看出,在所有 242 起案例中,仅有 5 例在审判过程中引入了专家证人,剩余案件除缺失之外,另外 181 起案件都未能引入专家证人制度。引入专家证人制度的案件占比仅为 2.7%。引入专家证人的 5 例案件是再审申请人奇虎公司与被申请人百度网讯公司、百度在线公司及一审被告奇智公司不正当竞争纠纷案[①]、上海依趋势互联网市场研究有限公司诉天图信息技术(上海)有限公司等不正当竞争纠纷案、腾讯科技(深圳)有限公司等诉北京奇虎科技有限公司等不正当竞争纠纷案、上海钢联电子商务股份有限公司诉上海纵横今日钢铁电子商务有限公司等不正当竞争纠纷案、合一信息技术(北京)有限公司与乐视网信息技术(北京)股份有限公司不正当竞争纠纷一审民事判决书。[②] 在第一例案件中,最高人民法院对奇虎公司的专家辅助人意见有些观点表示认可,但结合双方专家辅助人以及有关事实,认为该专家辅助人意见并不能为奇虎公司在百度搜索引擎部分搜索结果中添加警示图标作出合理解释。在最后一例案件中,北京市海淀区人民法院开庭审理过程中,法院认为对于合一公司专家辅助人提出的实现屏蔽视频广告的三种可能性,合一公司亦未提交相应证据,因此对合一公司主张乐视公司实施了使用乐视盒子中的乐视浏览器屏蔽优酷网视频片头、视频暂停贴片广告的主张不予支持,但法院结合乐视公司的意见、证据及本院勘验情况,以及合一公司的专家辅助人认可浏览器 UA 标示的是系统环境,可以随便设置 UA 的意见,对合一公司主

[①]　参见最高人民法院(2014)民申字第 873 号判决书。

[②]　参见北京市海淀区人民法院(2016)民初第 18471 号判决书。

张乐视公司更改乐视浏览器的 UA 设置,链接访问优酷网 iPhone 端的行为予以确认;法院对于乐视公司专家辅助人的意见并未采纳。这一现状反映了以下两个问题:一是专家证人制度对于互联网新型不正当竞争案件的审理是否必要还存在疑问;二是如这种引入是必要的,目前我国互联网新型不正当竞争案件的审理实践中却未引起应有的重视,该制度在程序设置上不甚完善。本报告将在下文对实践中疏于引入专家证人制度的原因以及设立专家证人制度的必要性进行分析。

二、关于实践中举证合理费用承担问题的实证分析

表 8-2　是否支持由被告承担举证合理费用

		频率	百分比	有效百分比	累积百分比
有效	是	130	53.7	87.8	87.8
	否	18	7.4	12.2	100.0
	合计	148	61.2	100.0	—
缺失	系统	94	38.8	—	—
合计		242	100.0	—	—

从表 8-2 可以看出,在 242 个案件中,有 148 个案件明确了是否支持由被告承担举证合理费用,其中有 130 个案件的法官支持了由被告承担举证合理费用的诉讼请求,占比为 87.8%。另外 94 个案件的法官未在判决书中明确阐述是否应当由被告承担举证合理费用,占所有案例的 38.8%,这种模棱两可的态度说明法官对这一问题还存在较大分歧。从总体来看,支持由被告承担举证合理费用的案件有 130 例,占所有案例的 53.7%,从这一数据可以看出,实践中法官支持由被告承担举证合理费用的比例不高。本报告将在下文具体阐述审判费用的承担问题。

第二节　互联网新型不正当竞争案件证据制度存在的问题

一、商业报告、统计数据等证据的使用不具法定性

与传统不正当竞争案件不同，互联网新型不正当竞争案件的影响范围更广，专业性要求更高，对技术性行为的实施与损害后果是否有联系的认定也更复杂，在对一个不正当竞争行为进行认定的过程中，需要大量的数据支撑，经常会涉及经济分析和数据模型的运用。在这种情况下，一些统计数据和商业报告如行业数据统计、政府统计报告等的使用就显得较为迫切，而这类证据并不具有传统证据所要求的法定性，与案件事实的关联性也不如传统证据类型明显，法官在互联网新型不正当竞争案件的审理过程中，对此类证据的适用也难以把握。但是，对互联网新型不正当竞争诉讼案件而言，这类证据的出现和使用是不可避免的。

一方面，当事人为了全面证明自己提出的主张，必然会尽可能多地收集各类对其有利的证据。上述商业报告、统计数据等虽然不具有法定证据的特征，但能在某个方面对案件事实起到一定的揭示作用，甚至是关键作用。当事人出于自身利益的考虑，将其作为证据进行举证在所难免。

另一方面，由于互联网新型不正当竞争行为实施手段的科技性和模糊性，法官对案件事实的揭示也需要更多数据材料的支撑。特别是网络证据的隐蔽性、脆弱性使得网络证据的举证和质证都存在较大困难，证据来源的"先天不足"导致此类案件不得不依赖其他方面的证据，尽管此类报告在很多时候都是必不可少的参考依据。

二、专家证言无法在《民事诉讼法》中找到依据

专家证言，是指由专家证人提供的证言。所谓专家证人，是指通过专门的教育或者经验获得了某一方面或者领域的技巧或专门知识，并且能够通过就

某一特定问题或者事实陈述意见以帮助事实认定的人。① 专家证人制度多见于英美法系,有人将其等同于"专家意见",指由于相当的调查、研究、实习或经验,对某问题具有特别知识、技术或消息的证人所陈述的意见。② 我国沿袭大陆法系国家传统,实行鉴定人制度。专家证人与鉴定人不同,专家证词与鉴定意见之间也存在差异。法律对鉴定人的主体资格有非常严格的标准,通常要有国家法定管理机构颁发相关的资格证书,才可以作出鉴定结论。而在英美法系国家,成为专家并不要求一个人必须获得某种资格证书,只要是凭借实际经验或是通过认真学习能够就某一科学、艺术或是行业的某一具体事项有资格提出明确意见的人,无论其是什么身份,都可以作专家证人。

在我国的司法实践中,遇到与案件有关的疑难问题,法官或当事人一般采取鉴定的方式,请专门的鉴定机构或鉴定人作出鉴定意见,作为案件审理的参考。但是,鉴定涉及的范围一般限于物证真伪、痕迹的有无等客观存在的事物,鉴定的对象大多涉及证据材料本身,鉴定人所需的专门知识也限于解决此类客观问题之需要。而随着互联网新型不正当竞争案件类型和案件事实范围的扩展,很多专门性问题的解释和说明并不适宜采用鉴定的方式进行。例如在此类案件中,新的技术手段和经营理念是否对市场结构及市场竞争秩序造成实质性的影响,对这个问题的说明需要运用经济学领域的相关知识,此时,一个经济学家对该问题的阐释无疑比一份鉴定机构的鉴定意见更加令人信服。

我国《最高人民法院关于民事诉讼证据的若干规定》第 61 条③虽然规定了专家辅助人制度,但专家辅助人与专家证人并不相同。根据该司法解释起

---

① "A Person Who through Education or Experience, has Developed Skill or Knowledge in a Particular Subject, so that He or She May Form an Opinion that will Assist the Fact-finder." See *Black's Dictionary*, edited by Bryan A. Garner, West, a Thomson Business, 2004, p. 619.

② 刘善春、毕玉谦、郑旭:《诉讼证据规则研究》,中国法制出版社 2000 年版,第 167 页。

③ 《最高人民法院关于民事诉讼证据的若干规定》第 61 条规定:"当事人可以向人民法院申请由一至二名具有专门知识的人员出庭就案件的专门性问题进行说明。人民法院准许其申请的,有关费用由提出申请的当事人负担。审判人员和当事人可以对出庭的具有专门知识的人员进行询问。经人民法院准许,可以由当事人各自申请的具有专门知识的人员就有案件中的问题进行对质。"

草者的意见，①专家辅助人"不同于证人和鉴定人"，"他们可以与当事人及其诉讼代理人同座"，其作用只是辅助当事人就专门的技术问题作出说明，对鉴定过程进行见证和交叉询问，以帮助当事人和法院了解技术信息。② 这一制度在司法实践中也存在不少问题：

首先，"专家"应具备何种资质并不明确。无论专家辅助人在诉讼中的地位如何，他首先是专家。如前所述，英美法系认为只要经过学习、实践获得了专业的知识、经验或技能的人都是专家，而大陆法系认为专家应当是具备相应学历、职称，并经过主管部门核准登记的专业人员。而根据我国法律的规定，专家辅助人出庭是否应当受到资格限制就成为一个难题。以其作为当事人的"技术代理人"的身份，对其资格审查的依据似乎不足；若不对其进行资格审查，法庭审理的公正性又必将受到挑战。而专家证人的资格需要接受审查则是各国通行的制度，引入专家证人制度及专家证人资格审查制度，不仅可以避免专家辅助人出庭"身份不明"的问题，也是对我国民事审判制度的完善。

其次，专家辅助人的陈述转化为证据存在困难。在互联网新型不正当竞争案件中，并非每一个技术争议都需要通过专家鉴定才能解决，在很多情况下，法院通过技术咨询或引入当事人的技术论证就能查明技术事实。问题在于，如果法院或者当事人聘请的专家只是专家辅助人，那么他们的当庭陈述就不属于现行《民事诉讼法》规定的证据。这就使得法院面临两难境地：若专家意见不作为证据，法院的判决必将缺乏事实依据；若将专家意见作为证据，又难以获得现有法律规定的支持。因此，应当对现有民事诉讼的证人制度作适度的扩大解释，赋予专家证人制度合法空间，取代目前的专家辅助人制度。只有这样，才能使专家证言能够在互联网新型不正当竞争案件的审理中发挥其应有的作用。

三、举证责任分配不均衡，对原告举证责任的要求过高

（一）我国现行民事举证责任分配制度的现状

举证责任，又被称为证明责任，是解决案件争议事实由谁提供证据来证明的问题。对于举证责任的性质，学界存在行为责任说、双重含义说和危险负担

---

① 最高人民法院民事审判第一庭：《民事诉讼证据司法解释的理解与适用》，中国法制出版社 2002 年版，第 299 页。

② 胡震远：《我国专家证人制度的建构》，载《法学》2007 年第 8 期。

说这三种学说,①从我国目前立法来看,我国采纳的是明确的行为责任说,即当事人对于自己主张的事实,有提供证据、证词、材料、影像、音频、证人等以证明其行为真实性的责任。举证责任的承担问题是当事人承担举证责任中最为关键的问题。所谓举证责任的承担,也就是举证责任的分配,由于具体证明标准的差异和案件性质的不同,三大诉讼法规定的举证责任分配规则也不尽相同。由于民事诉讼主要解决的是平等民事主体之间的纠纷,因此其一般规则是"谁主张,谁举证",在这一基本准则的前提下,法官也会根据案件实际情况采取一些特殊的举证责任分配规则。

现行民事证据立法在举证责任分配问题上较为充分地考虑了一般性和特殊性的统一,在一般情况下实行"谁主张,谁举证"基本举证原则,在一般民事案件之外的劳动纠纷和侵权案件中,对举证责任进行重新分配。在规定举证责任转移或举证责任倒置问题上,也进行了列举和概括,同时赋予法院在公平原则和诚实信用原则指导下的自由裁量权。但是,由于适用范围所限,在互联网新型不正当竞争案件中,这种特殊的举证责任分配规则并没有适用的土壤。

(二)互联网新型不正当竞争诉讼中原告举证责任过高

互联网新型不正当竞争的实施必须依赖于互联网技术手段,由于互联网技术手段的秘密性,导致互联网新型不正当竞争侵权方式难以为人所获知,加大了原告的举证难度。在互联网领域,传统不正当竞争所采用的仿冒、虚假宣传、商业秘密侵权等行为方式已经不是主要的不正当竞争手段,互联网新型不正当竞争更加偏重采用计算机技术锁定用户和市场,以达到破坏竞争秩序,获取不正当竞争利益的目的。在互联网环境下,不正当竞争行为面对的已经不是某个个体,而是整个互联网环境下的所有用户,其影响范围和效果都是传统不正当竞争行为所不能比拟的。而这种互联网新型不正当竞争所采用的技术性手段往往具有秘密性,原告所看到的只是表面的损害后果,难以知晓其行为实施的具体方式,因此在诉讼过程中存在很大的举证困难,极易因举证不充分、证据不足而导致败诉的后果。另一方面,作为"谁主张,谁举证"这一基本举证规则的例外,现行证据制度对举证责任倒置的列举并未涵盖民事诉讼所需要的举证责任进行特殊分配的全部情形。在不正当竞争领域,随着一系列互联网新型不正当竞争案件的出现,单纯适用"谁主张,谁举证"会造成一定的

① 江伟、王利明、曾宪义:《民事诉讼法》,中国人民大学出版社 2011 年第 5 版,第 121 页。

不公平,因此需要进一步发展举证责任分配的特殊规则,以应对案件审理的现实需求。

(三)互联网新型不正当竞争行为与损害后果的间接性,易导致原告举证不充分

由于多数互联网新型不正当竞争行为与损害后果并非直接关联,两者之间还存在市场这个载体。市场作为一种有效的资源配置方式,在商品经济发展到一定程度时,能够充分发挥市场主体获取信息、创造财富的动力和潜能,提高生产效率和经济效率,从而将整个社会的有限资源通过市场这只"无形之手"在全社会中予以有效地分配和使用。① 然而市场只是市场主体从事各类商业行为的载体,其本身并不能实现资源优化配置的效果,社会资源的有效分配和利用需要通过市场主体的选择和创造而实现,市场主体所创造的财富在某种程度上也附着于市场本身——人们在对一项商业项目的潜在收益进行衡量时,往往将其市场占有率和品牌影响力作为标准。但是,一方面,市场占有率和品牌影响力在互联网环境下难以得到直观呈现;另一方面,竞争者对其竞争对手的市场占有率和品牌影响力的诋毁往往以间接方式进行,如雇佣"水军"、淘宝刷单等恶性竞争行为很难从源头上发现和查处,而这一系列行为都是以互联网市场为载体。市场作用间接性的特点导致原告在对互联网新型不正当竞争行为造成的损害进行举证时,很难将非法利益与市场整体相分离,也难以证明原告自身之损失确因不正当竞争行为所致。

四、诉讼费用承担制度存在缺陷

诉讼费用是一国诉讼理念、经济发展水平、国家对社会经济生活控制能力以及司法功能和地位的反映。② 具体到某一诉讼当中,诉讼费用特指私人诉讼、公诉或者其他法律活动的费用,尤其是法院判决一方向另一方支付的费用。③ 互联网新型不正当竞争由于涉及新兴网络市场,且竞争手段早已超出传统不正当竞争所涵盖的范围,对互联网新型不正当竞争行为的调查取证及损害后果的降低相比于传统不正当竞争行为更加困难。这就意味着当事人在制止此类侵权和减少损失等方面付出的成本大大提高,因此,互联网新型不正

---

① 李昌麒:《经济法学》,法律出版社 2008 年第 2 版,第 216 页。

② 穆昌亮:《试论我国民事诉讼费用制度》,载《政治与法律》2007 年第 4 期。

③ *Black's Law Dictionary*,7th edition,West Group,2000,p.350.

当竞争诉讼费用,特别是举证费用的分担是研究此类案件民事证据制度需要解决的重要问题。

诉讼费用的存在和设计对诉讼的进行具有重大意义,因为诉讼费用的数额和承担方式会对当事人的起诉和应诉的动力以及程度带来较大影响。一方面,诉讼成本和诉讼收益的比较关系到原告是否决定起诉,只有诉讼收益大于诉讼成本时原告才会有动力起诉;另一方面,被告在应诉过程中也会衡量诉讼费用带来的成本和败诉的风险。在某些复杂疑难案件中,诉讼费用特别是举证费用能否承担,还会影响案件的实体结果。

(一)我国民事诉讼费用负担的一般规则

诉讼费用的分担方式对案件的起诉和进行具有重要影响。实践中,主要有两种不同的规则。一种是美国规则,即各方当事人应承担各自的诉讼费用,主要是律师费,被称为"诉讼费用自担规则";另一种是"败诉方负担规则",即由败诉方支付胜诉方的诉讼费用。[1] 我国民事诉讼负担的基本原则属于第二种,即由败诉方负担,这也是世界大部分国家的通行做法。败诉方负担可以使真正拥有民事权利的主体最大限度地维护自身合法权益而无须付出额外的成本,从而促进权利主体积极行使诉权。由于民事诉讼的发生原因大部分都是败诉方消极或不适当履行民事义务,从而导致原告的起诉,因此除了通过诉讼恢复权利主体所享有权利之原状之外,理应由败诉方承担民事诉讼的费用,以示惩戒。

(二)互联网新型不正当竞争案件诉讼费用分担存在的问题

根据我国《民事诉讼法》第118条[2]、1989年《人民法院诉讼收费办法》第一章和1999年《〈人民法院诉讼收费办法〉补充规定》,我国民事诉讼费用主要包括两种,即案件受理费和财产案件诉讼中实际支出的,令当事人承担的费用。后者主要包括以下几种具体类型:(1)勘验、鉴定、公告、翻译费;(2)证人、鉴定人、翻译人员在法院决定日期出庭的交通费、住宿费、生活费和误工补贴费;(3)采取诉讼保全措施的申请费;(4)执行费;(5)人民法院根据当事人的申

---

① 赵栋:《反垄断民事证据制度研究》,中国政法大学出版社2014年版,第147页。
② 《民事诉讼法》第118条规定:"当事人进行民事诉讼,应当按照规定交纳案件受理费。财产案件除交纳案件受理费外,并按照规定交纳其他诉讼费用。当事人交纳诉讼费用确有困难的,可以按照规定向人民法院申请缓交、减交或者免交。收取诉讼费用的办法另行制定。"

请调取应当由人民法院调取的证据时实际支出的费用。

以上几种诉讼费用的具体类型较为明确地界定了我国民事诉讼费用的范围,在以往的民事审判实践中也得到了较为充分的运用,基本上满足了司法实践的需要。由于一般民事侵权案件涉及范围较小,案情也相对简单明了,原告在收集证据时不存在明显的障碍,因此,原告在提出诉求时一般不会要求被告分担举证成本。基于这个方面的考虑,现有的诉讼费用规则也未将举证成本纳入"财产案件诉讼中实际支出的,令当事人承担的费用"之中。但是随着社会经济的发展,互联网新型不正当竞争诉讼频发对传统的民事案件审理程序和规则造成了巨大的冲击。在诉讼费用制度方面,主要表现为两个方面:

第一,举证成本增加,导致无法有效激励起诉行为。由于互联网新型不正当竞争行为手段的先进性和竞争形态的动态性,导致此类案件的举证存在较大困难。当事人若要充分举证,必然面临"举证难"和"举证贵"的问题,加之互联网新型不正当竞争行为认定的疑难性和当事人对审理结果的不确定性,导致当事人在决定是否起诉时面临一个两难局面。

第二,律师代理费过高,承担方式缺乏明确规定。由于互联网新型不正当竞争行为具有的高度专业性、技术性的特征,当事人亲自应诉出庭存在客观上的困难,在聘请律师代理出庭的情况下,其律师费也普遍比一般民事诉讼要高。虽然一些单行法和司法解释对律师费的承担办法有所规定,但这些规定要么过于散乱不成体系,要么过于原则导致适用存在困难,律师费的承担办法总体而言还不是特别统一。因此,当事人在面对互联网新型不正当竞争案件时,很有可能由于律师代理费的分担缺乏系统的承担制度,导致其难以独力承担高额的律师代理费,从而放弃维护自身的合法权益。

五、电子证据取证困难

由于我国互联网出现的时间不长,因此司法过程中对于证据的搜集也没有形成一个完整体系,虽然我国《民事诉讼法》将电子证据作为一种新的证据种类确立了合法地位,但相关电子证据规则零散不堪,没有一个系统的取证、举证、质证、认证操作规范,司法实践中不得不参照既有的证据规则进行收集、保全、审查、判断和运用。不仅传统PC端互联网领域的电子证据收集面临以上困境,实践中针对更为新型的移动互联网电子证据收集更是无从下手,某些经验缺乏的司法机关,对于此类电子证据不会用、不敢用、不能用,从而使得互联网不正当竞争法案件的办案质量大打折扣,互联网电子证据应有的作用也不能得以完全发挥。①

首先,互联网电子证据的自身特性导致取证困难。由于互联网市场与传统市场存在极大的不同,出现不正当竞争纠纷时需要的证据比传统市场更难获得,互联网环境中的证据一般是终端运行过程中所传输的电子信息,例如云端储存数据等。互联网电子证据本身的特性使得其真实性往往会受到质疑。如其具有不稳定性,容易被篡改和伪造;其具有脆弱性,容易被销毁;而且在形成和传递过程中也极容易发生改变,这就导致了此类电子证据缺乏真实性。与此同时,互联网技术的发展日新月异,该领域电子证据的调查取证通常也具有很强的专业性,但是大部分人对于这个新兴的市场了解甚微,司法机关中缺少一批经验丰富的专业人才,现阶段的电子设备和取证手段无法适应日益发展的互联网市场。②

其次,当事人收集的互联网电子证据的途径与程序匮乏。在互联网电子证据取证过程中,应当遵循必要的取证程序,确保互联网电子证据可采、可信、可用。根据我国证据规则,电子证据的生成、获取程序不符合法律规定,且其不合法程度足以影响证据真实性的或者足以影响某一重大权益的,则可考虑对其加以排除。因此,如何合法地收集互联网电子证据,对当事人而言是一大难题。由于以上取证、举证的困难,随之导致质证和认证这两个步骤中互联网电子证据的证明力也成为问题。综上,在互联网背景下,相关电子证据取证时间长、成本高已经成为司法机关高效处理该领域不正当竞争案件的重大障碍。

第三节　互联网新型不正当竞争案件证据制度的完善

一、扩大解释法定证据类型

为了缓解证据法定性和现实需求的矛盾,应当扩大法律规定的证据类型

① 刘仁:《互联网时代有待创新电子证据解决方案》,载《中国知识产权报》2013年10月25日,第10版。
② 何小刚:《移动互联网背景下电子证据的取证审查初探》,载《安徽警官职业学院学报》2015年第4期。

的范围,纳入更为多样化的证据形式,如此方能适应案件审理的实际需求,保障当事人应当享有的合法权益。一方面,由于商业报告和统计数据表达思想主要通过文字和图表进行,而书证具有通过其记载的文字、图表或符号来证明待证事实的特征,因此,可以对书证扩大解释,将报告、统计等以书面形式表现的非常规文件纳入书证范围。另一方面,在证据信息化的大趋势下,以计算机及其网络为依托的电子数据在证明案件事实的过程中起着越来越重要的作用,在互联网新型不正当竞争案件领域更是如此。因此,对一些以电子数据形式存在的商业报告、行业协会年鉴等,也可以纳入电子证据范畴,使其在互联网新型不正当竞争案件的证明中发挥应有的作用。

二、完善专家证人制度,实现专家证言的证据法定化

由于时代的发展和各种新型纠纷的出现,专业性知识在庭审中的重要性越来越高。证人证言和鉴定意见这两种证据形式都有自身的定位和适用范围,如果贸然将兼有两者部分特点的专家证言纳入证人证言或鉴定意见之中,将无法凸显专家证言这一证据类型的现实意义。专家辅助人制度虽然能够部分发挥专家证人制度的作用,但囿于其自身定位的偏差以及现有法律规定的缺失,在互联网新型不正当竞争案件的审理中,这一制度也难以发挥积极作用。因此,应在互联网新型不正当竞争案件的审理中引入专家证人制度,将专家证言作为一种全新的证据类型。

引入专家证人制度,应当明确以下几个方面的问题:

第一,专家证人制度的启动条件。互联网新型不正当竞争案件虽然具有专业性高、技术性强的特点,但并不是每一个案件都适合或必须采用专家证人制度来查明事实。对于审判个案中是否有必要引入专家证人,法官应当参考以下因素,作出决定:"1.没有专家协助,纠纷的本质能否界定和沟通;2.没有专家调查,双方的争点是否可以明确并达成一致意见;3.没有专家意见,对方所主张的案情(或其中大部分案情)能否得到接受或拒绝;4.没有专家证据,争议的事实能否被证实;5.任一当事人所提供的证据的本质是否只能借助专家才能够解释清楚;6.没有专家的协助,能否草拟公平的和解协议条款。"[①]

第二,专家证人的选任。首先是专家证人的资格和能力。专家资格和能

① 杨良宜、杨大明:《国际商务游戏规则:英美证据法》,法律出版社 2002 年版,第480~481 页。

力的缺陷不仅会直接影响当事人的利益,双方专家能力的差异也会使法官难以准确衡量双方主张的证据证明力的大小,从而影响司法公正的实现。因此,法律应当对专家证人的资格和能力作出明文规定。可以参照英美法系国家的通行做法,不以是否具有相关领域资格证书为限,而是从以下几个方面加以判断:(1)专家证人应当具有相关技术领域的专门性知识与技能;(2)专家证人在相关技术领域应当具有相当的工作经验及工作能力;(3)专家证人应当能够为自己的意见或结论提供相应的科学依据;(4)专家证人应当能够明确回答当事人或法官提出的假设性问题。其次是专家证人的选任主体。当案件的技术争点涉及计算机及互联网技术,需要通过专家证人的方式来查明时,当事人均有权聘请自己信任的专家出庭进行陈述。问题在于,在当事人未聘请专家时,由于案件审理存在聘请专家证人的现实需要,法庭是否有聘请专家的权力或义务。英国《民事诉讼规则》第35.7条第1款规定:"当双方或多方当事人希望就某一特定争议提交专家证据时,法院可以指定仅由一名专家证人就该争议提供专家证据。"[1]英国这一规定明确了在当事人就特定争议具有聘请专家证人的需要时法院的做法。美国《联邦证据规则》第706条(a)款也规定法院可以依职权选任专家证人。[2] 这一规定认为法院具有选任专家证人的权力,无须考虑当事人的意愿。本书认为,为确保互联网新型不正当竞争案件当事人的利益以及司法公正的实现,应赋予法院聘请专家证人的权力,听取专家证人就案件的专门性问题作出的陈述,但这种聘任应以案件审理确有需要为限。在双方当事人都聘请专家证人时,法院可以聘请专家证人,在双方当事人都未聘请或只有一方聘请专家证人时,法院应当聘请专家证人以确保庭审的顺利进行。

　　第三,专家证言的质证。引入专家证人制度的必然结果便是专家证言将成为一种新的证据类型,与书证、物证和证人证言等其他证据一起进行质证。本书认为,由于专家意见一般涉及专业性很强的技术问题,因此专家证言的质证应当采取不同于普通证人证言的质证程序,以免专家意见为诉讼代理人左

---

　　[1]　Civil Procedure Rules in UK(the 39th update),http://www.dca.gov.uk/civil/procrulesOfin/menus/rules.htm,下载日期:2015年5月10日。

　　[2]　See Federal Rules of Evidence,http://judiciary.house.gov/media/pdfs/printers/108th/evid2004,pdf # search=％22federal％20rules％20of％20evidence％22,下载日期:2016年8月23日。

右,导致缺乏专业知识的法官难以辨别诉讼代理人是否存在误导专家的情形,使专家的真实意思出现偏差甚至扭曲。针对双方当事人都聘请专家证人的情形,建议在审前程序中先行固定双方当事人的技术争点,要求双方各自的专家交换书面专家意见结论。在正式庭审中对专家证言进行质证时,先由法庭告知专家如实作证的义务,要求专家必须对法庭负责。质证程序开始后,先由一方专家就相关技术争点进行简要归纳,再由各方专家相互进行发问,然后各方专家简短总结,这一过程不允许双方诉讼代理人的介入。针对双方当事人只有一方聘请专家证人的情形,法庭应当告知专家证人如实作证的义务,在该专家证人发表意见之后由法庭选任的专家证人与其相互发问和辩论。这样做的好处在于可以明确技术争点,便于法庭居中听审,克服误导专家的弊端并节省法庭审理时间。[1]

在专家证言的质证重心方面,我们可以参考美国最高法院确立的Daubert规则,引导当事人就专家证言的以下方面进行询问,以便为法庭最终决定是否认定专家证言打下基础:(1)相关理论或技术是否经过检验;(2)相关理论或技术能否或是否经过同等审查或出版;(3)相关理论或技术一直的或潜在的错误概率;(4)控制技术操作的显存的和维持的标准;(5)相关理论或技术为科学团体所总体接受的程度和专家证言的接受程度。[2]

三、矫正举证责任分配制度

(一)适当限缩原告举证的范围

《民事证据规定》第2条规定:"当事人对自己提出的诉讼请求所依据的事实或者反驳对方诉讼请求所依据的事实有责任提供证据加以证明。"此条规定明确了当事人应当对自己的主张提供相应的证据,但并未明确应当提供证据的数量及质量。诚然,当事人特别是原告出于胜诉的考虑,必然希望能提供尽可能多的证据,问题在于网络证据的秘密性和专业性客观上限制了原告的举证能力,互联网新型不正当竞争行为与损害后果间接关联性也加大了原告的举证难度。因此,建议在互联网新型不正当竞争案件中,适当限缩原告举证的

---

[1] 参见 Peter Heerey 大法官在世界知识产权组织亚太地区知识产权司法保护研讨会上所作的题为"专家证据:澳大利亚的经验"的发言。

[2] See Manual for Complex Litigation, 4th, §23.22, http://www.fjc.gov/public/home.nsf/pages/470,下载日期:2016年7月12日。

范围,原告只需在侵权行为、损害后果以及二者最基本的关联性这三个方面提出相应的证据,即视为举证责任的充分履行,无须全面证明侵权行为与损害后果之间的因果关系。如此一来,不但可以达到减轻原告举证负担的目的,提高原告的举证积极性,同时也能使原告举证更集中于案件争议事实,促进庭审的效率化进行。

(二)有限适用举证责任倒置规则

举证责任倒置作为民事诉讼基本举证规则的例外,直接关系到当事人之间诉讼的胜败后果,其实质上是实体法立法者对实体权利义务进行调整的一种重要方法。《民事证据规定》第 4 条对适用举证责任倒置的情形进行了适当列举,但并未涵盖民事诉讼所需的对举证责任进行特殊分配的全部情形。由于互联网新型不正当竞争行为多采用信息技术手段,利用源代码、C 语言编程等的特点导致其具有不为行为人以外的其他人所知的秘密性,受害方很难据此提出充分的证据。因此,在涉及计算机网络技术的新型不正当竞争案件中,应当适用举证责任倒置规则,由被告承担主要举证责任,要求其提供计算机原始后台数据,以证明自己没有实施侵权行为,或其行为与损害结果不具有因果关系,若被告不能提供,则可以推定其实施了侵权行为。

四、明确诉讼费用的承担方式及范围

(一)明确败诉方应适当分担胜诉方的举证成本

诉讼费用的数额和承担方式会对当事人的起诉和应诉的动力以及程度带来较大影响,一方面,诉讼成本和诉讼收益的比较关系到原告是否决定起诉,只有诉讼收益大于诉讼成本时,原告才会有动力进行起诉;另一方面,被告在应诉过程中也会衡量诉讼费用带来的成本和败诉的风险。因此,明确败诉方应适当分担胜诉方的举证成本,一方面有利于激励原告积极起诉以维护自身合法权益,另一方面也能在一定程度上激励被告积极举证,避免消极应诉的情况出现。具体而言,举证成本应当由以下几个方面的费用构成:(1)调查取证费;(2)专家技术评估费;(3)当事人提交的审计报告的审计费和鉴定报告的鉴定费;(4)证人出庭作证必要的交通食宿费;(5)当事人及委托代理人为调查取证产生的必要的交通食宿费;(6)为证据保全支付的保全、公证费。

(二)将律师费纳入败诉方承担的范围

在互联网新型不正当竞争案件中,将律师费纳入败诉方承担的范围,符合互联网新型不正当竞争案件的审理要求,不仅是对我国诉讼费用"败诉方负担规则"的完善,也有利于使真正拥有民事权利的主体最大限度地维护自身合法权益。需要明确的是,将律师费纳入败诉方承担的范围予以考虑,并不意味着败诉方需要全额承担胜诉方的律师费用,而是应当根据具体案件事实,酌情判定败诉方应当负担的比例。一般而言,除了考虑不正当竞争行为的技术性、专业性,还应当根据胜败诉情况分别讨论。在原告胜诉的案件中,除开技术性问题,还应考虑被告实施侵权行为的主观过错程度、侵权持续时间、侵权范围以及企业形象或商誉受损程度,根据以上因素来确定被告应当承担的原告律师费的具体比例;在原告败诉的案件中,应当具体考察原告起诉是否具有较为充分的推定被告侵权行为成立的依据,若原告为诉讼准备的证据材料较为充分、详实,可适当减少原告承担被告律师费用的比例,若在外观上难以发现被告存在侵权的可能,则应当加重原告的责任,以示警诫。

五、完善电子证据收集的相关规定

针对互联网新型不正当竞争案件的电子证据收集困境,应当完善电子证据收集的相关规定。建立互联网电子证据的标准化程序,一方面有利于加强对当事人在互联网电子证据收集过程中的指导,另一方面也可以减少对收集到的互联网电子证据可采性问题的争议。从美国的司法实践来看,司法部发布的《网络和计算机犯罪侦查》,[①]对收集互联网电子证据的技术和法律争议进行了阐述,并且分章对不同的互联网电子证据的获取程序,如电子邮件、网页、即时通讯、文件共享、网页入侵、网络贴吧等,进行了细致的阐述。具体到我国司法实践,可建立以下互联网电子证据收集规定:

第一,确立严查互联网电子证据真实性、合法性原则。真实性和合法性是证据的重要特征,互联网电子证据作为证据的特殊形式,同样应该符合证据的一般标准。在互联网环境中,很多不法行为人经常利用网络技术手段对证据予以篡改,弱化证据的真实性。因此我们在互联网电子证据的采信过程中应该对证据形成的时间、地点等进行全面审查,以确保其来源是真实可靠的。程序正义也是司法正义的重要部分,互联网电子证据的形式不符合法律规定或者搜集证据过程违反了法定程序,都不能作为认定事实的依据。

---

① 参见美国司法部网站:Investigations Involving the Internet and Computer Networks,https://www.ncjrs.gov/pdffiles1/nij/210798,下载日期:2018 年 10 月 1 日。

第二,构建我国互联网电子证据收集程序。互联网电子证据具有一定的技术含量,且容易被剪裁、加密、伪造、篡改,如果没有既定的合理的收集方法和流程,很容易无法收集到完整的证据,而且"违反法定程序收集的证据,其虚假的可能性比合法收集的证据要大得多"。我国对互联网电子证据收集程序的构建,可从以下几个方面进行:(1)准备阶段:明确需要收集的互联网电子证据的范围;(2)鉴别阶段:明确需要采取的收集互联网电子证据的手段;(3)决定阶段:根据采用方式的不同,实行不同的程序性规定;(4)收集阶段:运用特定的标准化技术对互联网电子证据进行收集;(5)保存阶段:对所有的程序性事项进行记录,以便查询。

第三,对互联网电子证据的收集程序进行全程录像。对互联网电子证据收集程序全程录像是否必要,涉及成本效益的分析。对收集程序全程录像,其潜在的成本是相应的录像设备等费用的支出。但从收益的角度来看,全程录像有利于规范证据收集人员在收集过程中的行为,确保其证据收集行为符合相应的法律规定,保障相关权利人的隐私权。同时,在发生争议之时,可以增加证据的可采性,避免因证据不足导致的程序倒流。司法程序的倒流指的是公安司法机关将案件倒回到前一个诉讼阶段并进行相应的诉讼行为。[1] 司法程序一旦倒流,司法成本就会加倍。波斯纳曾言:"对公平正义的追求,不能无视于代价。"[2]在互联网电子证据收集过程中,对收集过程进行全程录像,是为了确保互联网电子证据的可采性不得不付出的代价。

---

① 汪海燕:《论刑事程序倒流》,载《法学研究》2008 年第 5 期。

② [美]理查德·波斯纳:《法律的经济分析》,蒋兆康译,中国大百科全书出版社2004 年版,第 32 页。

第九章
互联网新型不正当竞争案件的诉前禁令制度

当前我国互联网新型不正当竞争行为的司法规制出现困境,有行为认定困难的原因,更有司法程序缺失的因素。在众多司法程序中,诉前禁令程序作为一项临时救济措施,在诉讼前就对行为作出一定的判断并采取措施进行禁止或者限制,能够起到很好的事前防范作用。但在我国互联网新型不正当竞争案件的具体审判中,由于缺乏具体的法律适用规定,法官对于此类案件是否适用诉前禁令的问题,仍然采取极其审慎的态度。诉前禁令制度作为一项可以弥补司法救济滞后性的重要制度,为何法官在互联网新型不正当竞争领域对此制度适用较少? 在互联网新型不正当竞争案件的审判中,诉前禁令应不应该适用? 若适用,应如何适用? 这些都是本书亟须解决的问题。

第一节　互联网新型不正当竞争案件诉前禁令适用的实证揭示

从表 9-1 可以看出,在 242 个互联网新型不正当竞争案件中,除缺失样本外,剩下的 186 份有效样本中,仅有 2 个案件采取了诉前禁令措施,占所有案件的比例为 0.8%,而没有适用诉前禁令的互联网新型不正当竞争案件的数量为 184 件,比例达到 76.0%。由此可得,诉前禁令在我国互联网新型不正当竞争案件中的适用极少,并没有像在知识产权领域一样得到广泛应用。

表 9-1　是否采取诉前禁令措施

		频率	百分比	有效百分比	累积百分比
有效	是	2	0.8	1.1	1.1
	否	184	76.0	98.9	100.0
合计		186	76.9	100.0	—

　　适用诉前禁令的两个案件分别为 2014 年由北京市海淀区人民法院审理的"北京爱奇艺科技有限公司诉北京极科极客科技有限公司不正当竞争纠纷案"①、2014 年由北京知识产权法院审理的"北京极科极客科技有限公司与北京爱奇艺有限公司不正当竞争纠纷上诉案"②,通过对这两个案件分析可知:2012 年修订的《民事诉讼法》第 100 条第 1 款③对民事诉讼领域的诉前禁令作出的明确规定,成为互联网新型不正当竞争案件的主要法律依据。而 2017 年对《民事诉讼法》的修订④并未提及诉前禁令制度,因而无较大影响。但是司法实践中,即便具有法律依据,适用诉前禁令的互联网新型不正当竞争案件从 1999 至 2019 年间,仅有的两个案例只占据了该类型有效案件总量的 1.1%,可谓是凤毛麟角。除此之外,从案件研究可知,这两起适用诉前禁令的互联网新型不正当竞争案件,在审查程序上时间相对缩减,更具有高效性,同时考虑到社会公共利益,减少了用户的利益损失。并且,这两起案件均为屏蔽视频广告行为,没有牵涉知识产权的保护问题,相对于总是依托于知识产权的诉前禁令来说,这无疑是一大进步。由此可见,在面对互联网新型不正当案件时,法院逐渐开始"独立"适用诉前禁令,排除了只有在混合知识产权保护时才出现诉前禁令的现象。

　　但是,通过实证分析可知,诉前禁令制度适用于互联网新型不正当竞争案件的情况依旧很少,多数法官保持着原有的审慎态度。从司法实践而言,针对损害扩大极具速度化的互联网新型不正当案件,诉前禁令制度的适用是对其进行救济的重要途径,不仅可以弥补司法救济滞后性带来的损失,而且有利于打击互联网新型不正当竞争的违法行为。故而,实践中可以在互联网新型不

---

　　①　参见北京市海淀区人民法院(2014)海民(知)初字第 21694 号民事判决书。

　　②　参见北京知识产权法院(2014)京知民终字第 79 号民事判决书。

　　③　2012 年修订的《民事诉讼法》第 100 条第 1 款规定:"人民法院对于可能因当事人一方的行为或者其他原因,使判决难以执行或者造成当事人其他损害的案件,根据对方当事人的申请,可以裁定对其财产进行保全、责令其作出一定行为或者禁止其作出一定行为;当事人没有提出申请的,人民法院在必要时也可以裁定采取保全措施。"

　　④　2017 年修订的《民事诉讼法》第 55 条增加 1 款,作为第 2 款:"人民检察院在履行职责中发现破坏生态环境和资源保护、食品药品安全领域侵害众多消费者合法权益等损害社会公共利益的行为,在没有前款规定的机关和组织或者前款规定的机关和组织不提起诉讼的情况下,可以向人民法院提起诉讼。前款规定的机关或者组织提起诉讼的,人民检察院可以支持起诉。"

正当竞争案件中及时适用诉前禁令制度,以确保对互联网新型不正当竞争行为的有效规制,保障互联网市场经济稳定健康发展。

第二节　互联网新型不正当竞争案件适用诉前禁令的必要性

诉前禁令是我国加入 WTO 后根据 TRIPs 协定的要求在知识产权法律体系中建立起来的一种临时性救济措施。诉前禁令制度的建立和救济措施的合理适用,能够及时制止"即发侵权"和"已发侵权",有效防止权利人损失的扩大,有助于切实维护权利人的合法权益。《民事诉讼法》对整个民事诉讼领域的诉前禁令适用作了规定,将诉前禁令制度的适用范围由知识产权领域扩展到其他民事领域。虽然诉前禁令制度在我国知识产权领域已经得到了普遍适用并取得了一定实效,但在我国不正当竞争案件尤其是互联网领域的不正当竞争案件的审判中,仍较少获得适用。而相关理论研究发现,在互联网新型不正当竞争案件中更多地适用诉前禁令制度,有着迫切的现实需求。

一、保护当事人合法权益的需要

互联网新型不正当竞争行为具有技术性强、难以认定,损害传播快、危害大,侵权行为[1]隐蔽、损失难以计算,维权成本高、获赔金额入不敷出,侵权成本低、恶性竞争频发等特征。[2] 这些区别于传统不正当竞争行为的特征,[3]使当事人的合法权益更易遭受严重损害。具体表现为:一方面,损害传播快、危害大和侵权行为隐蔽、损失难以计算的特征令当事人权益在短期内就会遭到

---

[1]　不正当竞争行为,是否属于侵权行为的范畴,目前学界存在一定争议。有的学者认为应当属于侵权行为,有的学者则持相反观点。是否属于侵权行为不影响此处的研究,在此不作过多讨论,此部分均采取属于侵权行为的观点。

[2]　谭俊:《论互联网行业不正当竞争的新特征及其法律规制》,载《电子知识产权》2014 年第 10 期。

[3]　传统不正当竞争行为是指《反不正当竞争法》中规定的 11 种不正当竞争行为,其特征为:(1)行为主体的"经营性";(2)行为判断的不确定性;(3)危害后果的社会性。李昌麒:《经济法学》,法律出版社 2007 年版,第 291～292 页。

严重的威胁,以"3Q 大战"系列案件中的"360 扣扣保镖"不正当竞争纠纷案①为例,奇虎科技有限公司在发布扣扣保镖软件至宣布召回的短短 7 天内,就有2000 万用户安装了该软件,导致腾讯公司遭受了约 59.6 亿元的损失。② 另一方面,互联网新型不正当竞争行为技术性强、难以认定的特征增加了案件的审理难度,导致案件的诉讼时间一般都较长,使当事人的合法权益不能及时得到司法保护。在此种情况下,诉前禁令作为一项临时救济措施,在诉讼前就能够对不正当竞争行为作出一定的判断并采取措施进行禁止或者限制,阻止不正当竞争行为的继续或防止损害结果的进一步扩大,起到一定的事前防范作用,能及时有效地保护当事人的合法权益。因此,诉前禁令应该成为互联网新型不正当竞争案件审判中一项有效的侵害阻却制度,以避免权利人遭受难以弥补的损失,满足人们合理的权利保护需求。③

二、维护互联网市场竞争秩序的需要

市场秩序的核心在于强调市场主体行为的规则性和经济状态的稳定性。良好的市场秩序取决于两方面的因素:一是市场主体内在的自我调控与自我约束能力;二是对市场主体行为的外部规制。④ 互联网市场作为新兴市场,其区别于传统市场的虚拟性特征使得其市场主体行为不易得到监管,互联网企业为了竞争用户资源,抢占市场份额,经常采取不正当竞争的手段,导致互联网市场不正当竞争行为频发,市场秩序遭受破坏。而当前我国的互联网市场行政监管途径有限,当事人只能通过诉讼途径解决纠纷。但诉讼的进行不会影响市场的争夺,互联网企业为了争取时间来抢占市场份额,往往通过恶意方式拖延诉讼进程,在此期间内利用不正当竞争行为最大限度地破坏竞争对手的商业经营,最终即使输了判决,也只用支付少量的赔偿金就能大幅提高自己

---

① "360 扣扣保镖"不正当竞争纠纷案为"3Q 大战"系列案件之一。广东高院一审认为,北京奇虎科技有限公司发布的"360 扣扣保镖"软件,使腾讯公司丧失合法增值业务的交易机会及广告、游戏等收入,偏离了安全软件的技术目的和经营目的,主观上具有恶意,构成不正当竞争。最高院二审同样认定北京奇虎科技有限公司的行为构成了不正当竞争。

② 木木:《360 称扣扣保镖 72 小时下载量突破千万》,http://tech.sina.com.cn/i/2010-11-01/18484814449.shtml,下载日期:2016 年 1 月 21 日。

③ 孙彩虹:《我国诉前禁令制度:问题与展开》,载《河北法学》2014 年第 8 期。

④ 李昌麒:《经济法学》,法律出版社 2007 年版,第 226 页。

产品或服务的市场占有率,①此举对互联网市场秩序造成了严重的破坏。在此种情形下,若能及时适用诉前禁令措施,一方面,在很大程度上能够从源头断绝侵权人企图恶意拖延诉讼进程的念头,起到约束市场主体行为的作用;另一方面,也可以实现对司法规制的漏洞进行及时补救,最终对维护互联网市场竞争秩序,净化互联网市场竞争环境发挥重要的作用。

三、提高司法公信力的需要

司法公信力,是指社会公众普遍地对司法权运作具有的信服力和认同感,并遵从司法权运作的一种状态和秩序,它表明社会公众对司法的信任和尊重程度,也反映司法权在社会生活中的权威力和影响力。② 司法公信力主要有以下衡量指标:一是社会公众是否信赖通过诉讼渠道实现权利救济、正义伸张、矛盾化解;二是司法的权威性,具有令人信服的力量和威望;三是当事人对裁判结果的认同度;四是法院和法官在社会舆论特别是民间舆论、网络舆论中的口碑;五是法院的工作报告在人民代表大会上的赞成率。③ 在互联网新型不正当竞争案件中适用诉前禁令,可以极大地提高司法公信力,主要体现在两个方面:一方面,通过诉前禁令的适用,可以增强当事人通过诉讼渠道实现权利救济、正义伸张的信心。互联网新型不正当竞争案件诉讼耗时长且获赔金额往往入不敷出,司法救济的严重滞后使当事人不愿意通过诉讼进行维权,导致司法公信力大大降低。若适用诉前禁令制度,就可以及时阻止侵权行为的继续,阻却损害结果的进一步扩大,使当事人愿意进行诉讼维权,在增强了社会公众通过诉讼渠道实现权利救济、伸张正义的信心的同时,也提高了司法公

---

① 例如 2009 年的"真假开心网案",千橡互联公司"开心网"的网站名称、服务功能、服务对象、服务内容完全仿冒开心人公司的"开心网",使网民难辨真假,导致真的"开心网"注册用户上升趋势明显减缓,大量潜在用户流失,合法利益遭受巨大损失。之后的诉讼中,千橡互联公司通过管辖权异议、经营主体变更等一系列手段拖延诉讼进程,导致该案件审理了一年多才判决。最后,虽然真的"开心网"网站的拥有者开心人公司赢得了诉讼,并获得了 40 万元的经济赔偿,但在案件审理的一年多时间里,"开心网"网站的仿冒者千橡互联公司却迅速占领了市场,获得了巨大的市场利益。

② 孙应征、刘国媛:《略论司法公信力之构建》,载《江汉大学学报(社会科学版)》2010年第 1 期。

③ 张文显、孙妍:《中国特色社会主义司法理论体系初论》,载《法治与社会发展》2012年第 6 期。

信力。另一方面,通过诉前禁令的适用,可以提高司法程序的权威性及震慑力。由于当前互联网新型不正当竞争案件中缺乏诉前禁令制度,使得诉讼的发生不会影响不正当竞争行为的进行。在此类案件漫长的诉讼过程中,一些互联网企业仍然可以肆无忌惮地实施不正当竞争行为以继续占领市场、谋取利益,导致司法程序的权威性与震慑力荡然无存。这些企业有时甚至会主动提起一些诉讼来试探法律对其行为不正当性判定的边界,司法程序此时俨然成为其试探法律边界的工具。若适用诉前禁令制度,就可以在诉前及时采取措施对不正当竞争行为进行禁止或者限制,避免以上情形的发生,在有效提高司法程序权威性与震慑力的同时,提高司法公信力。

第三节　互联网新型不正当竞争案件适用诉前禁令的困境

《民事诉讼法》对诉前禁令制度作出规定,使得互联网新型不正当竞争案件诉前禁令制度的适用有了明确的法律依据,但该规定属于原则性的法律条款,对此类案件来说,适用性不强。在互联网新型不正当竞争案件诉前禁令缺乏具体适用细则的情况下,法官只能借鉴知识产权领域的具体规则进行比照适用,但由于我国知识产权领域诉前禁令制度的建立时间较短,具体的适用规则也不是很完备,使得互联网新型不正当竞争案件在借鉴的过程中,实体要件和程序要件两个方面上都出现了困境。具体来说,主要包括以下适用困境:

一、实体要件方面:审查标准难以把握

我国互联网新型不正当竞争案件实体要件困境,主要体现在审查标准[①]难以把握,具体表现为:

首先,在涉诉行为是否存在侵权可能性的审查上存在一定困难。我国各地法院对侵权可能性的审查,没有固定的审查标准,法官一般根据自由心证和审判经验对申请人提供的证据进行认定,以此确定涉诉行为的侵权可能性,此

---

① 从我国当前对知识产权诉前禁令的相关司法解释来看,法官在发出诉前禁令时考虑的实体审查标准一般来说包含以下几个方面:(1)对存在侵权可能性的审查;(2)对难以弥补的损害的认定;(3)申请人与被申请人的利益衡量;(4)对社会公共利益的影响。

时的审查标准就有可能出现差异。此外,互联网新型不正当竞争行为层出不穷,花样翻新。传统不正当竞争行为在互联网领域的延伸行为还易判断,但审判实践中对互联网领域新型不正当竞争行为的认定早已突破了传统行为种类的限制。由于缺乏明确的法律规定,审判中法官又缺乏行之有效的认定方法,导致互联网领域新型不正当竞争行为的认定极其困难,由此也加大了审查涉诉行为是否存在侵权可能性的难度。

其次,在对难以弥补损害的认定上面临一些障碍。法院在审查是否发布诉前禁令时考虑的另一重要因素是,如果不发布诉前禁令,被申请人正在实施或即将实施的行为能否给申请人造成难以弥补的损害。[①] 从司法实践来看,对难以弥补的损害的判断是诉前禁令判断标准中最难以操作和量化的。在互联网新型不正当竞争案件中,难以弥补损害的类型有哪些,什么样的损害程度符合难以弥补的标准,这些问题在互联网市场争夺用户资源的背景下,在流量、用户覆盖率、下载量等数据受损难以用金钱衡量的条件下,产生了有别于其他领域诉前禁令审查的困难。

最后,在利益平衡问题的考虑上也产生一些难题。法官在发出诉前禁令时,不仅应对申请人与被申请人之间的利益进行衡量,还要就颁发禁令对社会公共利益的影响进行考虑:一方面,在互联网新型不正当竞争案件中,法官在对申请人与被申请人之间的利益进行衡量时,由于诉前禁令的申请人自身亦是经营者,申请人与被申请人之间存在着竞争关系,如果对该措施的适用把握不当,容易造成申请人恶意利用该措施打击竞争对手的情况出现,因此其在颁发诉前禁令时要认真权衡申请人与被申请人之间的获益或损益情况;另一方面,在互联网新型不正当竞争案件中,社会公共利益经常成为双方当事人抗辩的理由,但此类案件中的社会公共利益究竟包含哪些利益,什么情形下才把社会公共利益纳入考量范围,法官均难以进行判断。

二、程序要件方面:审查程序设计缺失,救济程序存在不足

(一)审查程序设计瑕疵

正当程序才能产生公正结果,正当程序要求任何权益受到裁判结果影响的当事人都享有陈述自己意见并获得听审的权利,赋予争诉中的双方当事人

---

① 纪晓昕:《知识产权诉前禁令制度研究》,载《山东审判》2007 年第 3 期。

平等陈述己见的机会,并同等地看待他们的意见。① 许多国家在诉前禁令审查过程中,均要传唤被告出庭进行听证,以便给予申请人与被申请人对等的程序性权益,这样做一方面有利于法官能够在双方当事人辩论的基础上,更清楚地查明事实,更正确地适用诉前禁令措施;另一方面,能够提高法官审查及作出裁决的效率,保障整个诉讼流程的顺利进行。由此可见,在诉前禁令的审查中,听证程序及法庭辩论程序极为重要。

然而,我国对诉前禁令措施的法律规定仅包含了复议程序、询问程序的内容,缺乏听证程序和辩论程序的设置,这使得互联网新型不正当竞争案件诉前禁令审查的裁决难度陡增。虽然实践中法院对听证及辩论程序普遍持赞同态度,但程序设计的不足使得在具体的实施中适用较少,大部分的案件只需要查明事实时启动询问程序,即便是需要对当事人进行询问,仍无须当事人双方到场。互联网新型不正当竞争案件具有复杂性、专业性的特征,行为的认定及损失的计算,对于缺乏专业知识的法官来说,难度很大,若没有设计听证程序及辩论程序,法官只能根据诉前禁令申请人提交的证据材料作出裁决,易出现错误裁决的情况。

(二)救济程序存在不足

诉前禁令的适用带有很大的风险,法院在核发诉前禁令时除了采取谨慎的态度外,还需考虑对被申请人相应的权利给予必要的保障和救济。② 由于我国互联网新型不正当竞争案件是参照知识产权领域的诉前禁令规定而适用的,《反不正当竞争法》及相关的司法解释均无任何规定,因此我国互联网新型不正当竞争案件在适用诉前禁令时,救济程序不足成为困扰法官的一大难题。救济问题具体来说,包括三个方面的问题:

1. 担保问题。在诉前禁令制度中,担保作为一项针对错误禁令的救济措施,能起到防止当事人滥用权利的作用,是申请人必须向法院提供的。但是在互联网新型不正当竞争案件适用诉前禁令时,如何确定担保的方式及范围,在缺乏具体规定的情况下,法官只能根据案情来酌情确定,难以做到准确合理。

2. 复议问题。在我国,禁令作出后当事人可以申请复议一次,但是现行法中没有对审判组织形式、审理方式作出具体规定。实践中对于复议的审查

---

① 姚颉靖:《知识产权诉前禁令制度的反思与重塑:以程序正义为视角》,载《甘肃行政学院学报》2007 年第 4 期。

② 孙彩虹:《我国诉前禁令制度:问题与展开》,载《河北法学》2014 年第 8 期。

仍由原审法院原承办案件的独任法官或合议庭负责,通常只是书面审查,这样做的后果很可能使复议形同虚设,无法实现对审查的有效监督。①

3. 关于申请错误时的救济问题。虽然法院在发布诉前禁令时会经过慎重的审查,但仍有可能出现错误,对于给被申请人造成的损失,应由申请人给予赔偿。但在互联网新型不正当竞争案件中,申请错误的标准怎么理解,申请错误的赔偿如何进行,法律均未明确规定,这在具体案件中给法官带来一定的难题。

第四节　互联网新型不正当竞争案件诉前禁令制度的构建

构建我国互联网新型不正当竞争领域的诉前禁令制度,一方面要考虑互联网新型不正当竞争案件的特殊性,另一方面要考虑当前我国互联网新型不正当竞争案件诉前禁令适用的困境,有针对性地提出构建思路。鉴于此,可以从实体要件及程序要件两个方面,对我国互联网新型不正当竞争案件诉前禁令的适用,提出以下构建思路:

一、实体要件之审查标准的构建

(一)对判断标准的把握

1. 适度从严掌握认定侵权可能性的标准。诉前禁令措施是一把"双刃剑",适用时既要及时满足权利人的正当需求,又要防止滥用诉前禁令制度损害竞争对手。互联网新型不正当竞争领域中某些行为介于不正当竞争与正常的商业模式创新之间,在实践中行为正当性不易认定。因此,在审查涉诉行为的侵权可能性时,适度从严掌握认定侵权可能性的标准,应当达到基本确信的程度,不能让诉前禁令制度成为竞争者之间又一打击对手的诉讼手段。

2. 采取相对实质的审查标准。实践中对涉诉行为是否存在侵权可能性的审查标准有两种:一种是对提供的证据只作形式审查,即审查申请人是否符

---

① 胡充寒:《我国知识产权诉前禁令制度的现实考察及正当性构建》,载《法学》2011年第10期。

合权利主体资格以及被申请人是否正在实施或将要实施被控侵权行为;另一种是对提供的证据作实质审查,即从申请人提供的初步证据来判断侵权行为存在的合理性,该审查是对申请人胜诉可能性的审查。两种审查标准各有优势,鉴于互联网新型不正当竞争案件存在案情复杂性及行为正当性难以认定的特征,应折中吸收两种审查标准所长,既不能简单地只对申请人提交的证据作形式审查,以避免滥用情况的发生,又不能完全地实质审查,避免陷入"胜诉必然性"审查的泥沼,即采取相对实质的审查标准。相对实质的审查标准,即审查的标准依然要严格,但又不是完全的实质审查,申请人提交的证据要达到足以证明侵权行为发生或即将发生的程度才能考虑其具有侵权可能性。如果在排除被申请人合法抗辩的可能性的情况下,法官认为侵权可能性较大,则应当认定为具备了胜诉的可能性。

(二)对难以弥补损害的认定

我国司法实践中认定是否存在"难以弥补的损害"时,通常采取比较严格的审查标准,强调申请人对"难以弥补的损害"的举证责任。一般应当考虑以下因素:其一,对该损害后果的弥补难以使受到损害的合法权益完全恢复原状;其二,该损害后果不可能获得足额的救济;其三,侵权人没有能力赔偿权利人的损失;其四,申请人申请时损害后果的范围和程度无法确定;其五,该损害后果中包含有无形财产。① 上述因素在互联网新型不正当竞争案件中对难以弥补损害的认定上,要有其特殊的考虑:首先,难以弥补的损害通常是指非财产性权益的损害,可以通过金钱予以救济的损害则不应认定为难以弥补,在互联网领域通常是指用户数量与流量的巨大损失、竞争优势的丧失、商业模式的破坏等;其次,难以弥补的标准必须综合多方面因素考虑,要考察商业信誉、市场份额、预期经济效益、商业模式保护等诸多情况予以确定,坚持严格的认定标准;再次,侵权行为仍在继续进行,如不及时制止,将使损害的范围和后果扩大;最后,被申请人没有足够的偿付能力或者不能提供足够的担保。只有满足了上述条件,才能够在互联网领域不正当案件中适用诉前禁令时把握好对难以弥补损害的认定。

(三)对利益平衡问题的考虑

具体可以从以下两方面着手:(1)申请人与被申请人利益衡量。在诉前禁

---

① 北京市高级人民法院知识产权庭:《关于审理知识产权诉前临时措施案件的调查研究》,知识产权出版社 2008 年版,第 409 页。

令的发布过程中,基于对申请人和被申请人利益平衡的考量,法官除考虑拒绝作出禁令时对申请人所产生的不利影响外,还必须充分考虑禁令是否会对被申请人造成不应有的损害。着眼于审判实务,法院在审理互联网新型不正当竞争案件时,毕竟在对诉前禁令申请人与被申请人的利益衡量上应该考虑的因素在法律上难以穷尽也无法作出列举式规定,只能在审判中给予法官更大的司法裁量权,让法官在具体个案中对当事人双方的利益加以权衡。虽然法官对此具有自由裁量权,但其在行使自由裁量权的过程中要把握一个标准,即不能让诉前禁令措施成为竞争对手间互相打击的工具,若竞争者利用诉前禁令进行恶意诉讼,此时的禁令措施就沦为了不正当竞争的工具,此种情形法官必须及时制止。(2)对社会公共利益的影响。诉前禁令制度中的社会公共利益,是指禁令发布与否对案外人产生的影响。[①] 一项适当的诉前禁令不仅不应损害社会公共利益,还应使社会总体利益趋向最大化。[②] 法官在颁发诉前禁令时,要认真考虑其对社会公共利益的影响,不仅要考虑国家鼓励互联网行业健康高速发展的发展战略,同时还要兼顾广大互联网用户的基本权益,只有在牵扯到影响互联网行业的发展利益或者广大互联网用户的利益或其他重大社会利益的情况下,才应将社会公共利益因素纳入考量范围。同时,根据个案具体情况把握好几种利益的具体平衡,不能让社会公共利益成为不正当竞争行为的抗辩理由。

二、程序要件的构建

(一)审查程序的构建

具体可以从以下两方面进行构建:

1. 设立听证程序。当事人之间以及当事人和法院之间的沟通与信息传达是程序保障的重要构成要素,[③]而这在我国目前的禁令制度的建构下是断链的,所以设立听证程序是对互联网新型不正当竞争案件诉前禁令审查程序完善的首要内容。首先,在举行听证之前,要明确听证制度所涉及的具体程序,对当事人双方的权利义务进行详细规定。同时要及时通知被申请人让其

---

① Abbott Laboratories v. Mead Johnson & Company, 971 F.2d 6(7th Cir. 1992).

② 纪晓昕:《知识产权诉前禁令制度探析》,载《山东审判》2007 年第 3 期。

③ [日]谷口安平:《程序的正义与诉讼》,王亚新、刘荣军译,中国政法大学出版社 2002 年版,第 339 页。

有足够的时间准备听证,这样一方面保障了双方当事人应有的程序权利,另一方面可以确保听证程序的顺利开展。其次,当事人双方围绕是否使用禁令进行举证、质证和充分的辩论,法官根据质证、辩论的结果来决定是否发布禁令。最后,鉴于互联网领域证据的复杂性与技术性,对此类证据的认定若需要专业的技术辅助人员参与,可引入技术辅助人员帮助法官进行证据认定。通过听证程序的设立,既要保障被申请人的程序权利,又要利于法官发现事实,进行正确裁判。[1]

2. 实行辩论质证。辩论质证作为听证制度中最重要的部分,可以对辩论质证制度建立以下规则,以达到其应有的功能:第一,当事人行使辩论权的范围不仅应包括诉前禁令实体方面的争议问题,还应包括诉前禁令程序方面的争议问题;第二,当事人在行使辩论权的形式不仅包括口头上的,还可包括书面上的,[2]对于不便于出庭进行辩论的,可以接受书面的辩论意见,以保证当事人辩论权利的行使;第三,要明确作为诉前禁令裁定依据的证据,若没有经过辩论质证程序,其证明力将大大降低;第四,法院要充分保障双方当事人行使辩论权利,不仅要从程序上进行保障,还要从物质条件上进行保障。

(二)救济程序的构建

具体可从以下三方面进行构建:

1. 关于担保问题。其一,担保方式的问题,可以丰富担保方式。在互联网新型不正当竞争案件诉前禁令的适用中,法院可以根据案件的性质决定采取不同的担保形式,除了财产担保的形式外,在有些难以用金钱衡量担保价值的情况下,可以考虑保证人担保的形式,以确保程序的顺利进行。其二,担保范围的问题,主要是科学合理地确定担保金额。担保金额的确定既要合理又要有效,主要考虑禁令实施后对被申请人可能造成的损失,也要参考申请人的索赔数额,[3]可以赔偿禁令的执行给被申请人造成的损失为限,当被申请人提出采取禁令会给其造成更大的损失时,可以采取追加担保的补救措施。此外,损失计算中要充分考虑间接损失的计算,可期待利益及无形资产的损失作为重要的因素也要计入担保范围。

---

[1] 施高翔:《中国知识产权禁令制度研究》,厦门大学出版社 2011 年版,第 214 页。

[2] 李晓郛:《公共利益冲突时美国联邦法院的司法实践——以专利案件的预先禁令为视角》,载《法治研究》2013 年第 9 期。

[3] 林文:《反不正当竞争法律制度与实务技能》,法律出版社 2014 年版,第 106 页。

2. 关于复议问题。鉴于实践中对于复议的审查仍由原审法院的原承办案件的独任法官或合议庭负责,通常只是书面审查的现状。为此,建议通过授予上级法院复议的权力以保证复议的中立性,当事人若不服法院作出裁定的,可以在一定期限内(参照现行法律规定的 10 日)向上级法院申请复议一次。上级法院受理后,应在一定期限内进行审查,作出维持、撤销、修改禁令的决定。① 同时,规定复议也应开庭进行听证辩论,克服复议书面审查的弊端。

3. 关于申请错误时的救济问题。知识产权领域关于诉前禁令申请错误的规定为:"申请人不起诉或者申请错误造成被申请人损失,被申请人可以向有管辖权的人民法院起诉请求申请人赔偿。"②借鉴此款规定,我国互联网新型不正当竞争领域诉前禁令申请错误时,被申请人也应有权到管辖权的人民法院提起侵权赔偿之诉。关于"申请错误"的认定,一旦诉前禁令被撤销或申请人在法定期限内未起诉,或起诉后案件经过审理申请人败诉的,申请人的申请即构成申请错误。申请错误一经认定,被申请人即可另行对申请人提起侵权赔偿之诉,以弥补因诉前禁令发布造成的损害。

---

① 胡充寒:《我国知识产权诉前禁令制度的现实考察及正当性构建》,载《法学》2013年第 10 期。

② 详见 2001 年最高人民法院《关于对诉前停止侵犯专利权行为适用法律问题的若干规定》第 13 条:"申请人不起诉或者申请错误造成被申请人损失,被申请人可以向有管辖权的人民法院起诉请求申请人赔偿,也可以在专利权人或者利害关系人提起的专利权侵权诉讼中提出损害赔偿的请求,人民法院可以一并处理。"

第十章
互联网新型不正当竞争案件
的民事赔偿制度

在司法中,互联网新型不正当竞争案件的法律责任基本上是民事赔偿责任,很少追究刑事责任,因此本部分主要分析的是民事赔偿制度。民事赔偿制度的设计直接关乎当事人实体权利的实现,也是法律规制中的重要一环,因此,研究互联网新型不正当竞争行为的民事赔偿责任尤为必要。为了确保损害赔偿责任的确定性与合理性,有效规制互联网新型不正当竞争行为,本部分拟通过实证研究的方法,利用统计分析法院追究互联网新型不正当竞争行为损害赔偿责任的现状,结合目前的法律规定,提出如何完善互联网新型不正当竞争行为的损害赔偿责任。

第一节 互联网新型不正当竞争案件民事赔偿责任的实证考察

本部分对互联网新型不正当竞争案件的民事赔偿责任设计了多个变量,如判决数额、赔偿依据、酌定因素等,试图通过上述变量的数据分析,揭示互联网新型不正当竞争行为民事赔偿审理现状,进而在下文对民事赔偿审理现状所揭示的问题进行深入探索与剖析。

一、判决数额普遍偏低

互联网企业作为当前知识经济时代高新产业的驱动主体,其所实施的技术行为往往会获取巨大利润。如在"腾讯诉奇虎不正当竞争纠纷案"[①]中,根据当事人提供的证据,360官网宣布"扣扣保镖"推出72小时下载量超过千

①　参见最高人民法院(2013)民三终字第5号民事判决书。

万,平均每秒钟就有 40 个独立下载安装量。从 2010 年 10 月 29 日"扣扣保镖"发布至 2010 年 11 月 21 日回收"扣扣保镖"共计 24 天,这 24 天"扣扣保镖"给腾讯公司造成的损失为 1223 千万元。且不论前述损失数字是否精确,单从 360 官网公布的数字便能窥探出互联网领域某一行为的扩散速度及其可能引发的严重危害后果。然而,经调研发现,此类案件最终的判决数额大多落于 8 万~26 万元区间,该赔偿数额相较于受害企业的损失来说可谓是杯水车薪。表 10-1 关于索赔数额与判决数额的对比数据亦可得知。

表 10-1　索赔数额与判决数额

		索赔数额	判决数额
N	有效	178	169
	缺失	64	73
均值		5287946.4370	257451.9130
中值		500000.0000	80000.0000
众数		500000.00	0.00
和		941254466	43509373.30

如表 10-1 所示,综合索赔数额与判决数额两变量的均值、中值及众数可以发现,互联网新型不正当竞争案件中的判决数额仅占索赔数额的 1/20,最终原告获得的损害赔偿数额远未达到预期数额。在诉讼中,原告虽出于诉讼策略的原因往往提出高于损失的赔偿数额,但也只是略高于实际损害数额,不会漫天要价。上述表格中索赔数额的均值、中值、众数皆无一例外高于判决数额,且数额相距悬殊。由此可见,互联网新型不正当竞争案件中的判决数额普遍偏低可谓常态。

二、酌定赔偿应用广泛

表 10-2　赔偿依据

		频率	百分比	有效百分比	累积百分比
有效	原告损失	12	5.0	7.8	7.8
	法定赔偿	1	0.4	0.7	8.5
	酌定赔偿	140	57.9	91.5	100.0
	合计	153	63.2	100.0	—
缺失	系统	89	36.8	—	—
合计		242	100.0	—	—

　　如表 10-2 所示,在 242 件互联网新型不正当竞争行为案件的民事判决书中,除去 89 个数据缺失的样本,在剩下的 153 个有效样本中,依原告损失确定赔偿数额的案件共计 12 件,占比 5%;依法定赔偿确定赔偿数额的案件数量为 1;而综合多项因素运用酌定赔偿确定赔偿数额的案件共计 140 件,占比57.9%,有效百分比达 91.5%。可见,当前法官确定互联网新型不正当竞争案件赔偿数额时普遍采用酌定赔偿。为何如今大多数法官放弃《反不正当竞争法》规定的明确计算赔偿数额的原告损失和被告获利标准,而选择仰仗自由心证,极易减损司法公信力与威信力的酌定赔偿模式? 对此,本书将在下文进行详细剖析与阐述。

三、酌定因素表述笼统

表 10-3　酌定赔偿考量因素

		频率	百分比	有效百分比	累积百分比
有效	企业形象或商誉受损程度	1	0.4	0.7	0.7
	主观过错	1	0.4	0.7	1.4
	侵权范围	1	0.4	0.7	2.1
	合理开支	4	1.7	2.8	4.9
	其他	2	0.8	1.4	6.3
	综合	135	55.8	93.8	100.0
	合计	144	59.5	100.0	—
缺失	系统	98	40.5	—	—
合计		242	100.0	—	—

法官采用酌定赔偿确定互联网新型不正当竞争案件的民事赔偿数额时，会综合多种涉案因素予以考量，酌情确定赔偿数额。如表 10-3 所示，法官对于企业形象或商誉受损程度、主观过错程度、侵权范围、合理开支等因素皆略有提及，但纯粹提及单一因素的情况很少，对此上述表格的数据已昭示。在 242 份统计的判决书中，共计 144 份判决书中显示法官综合考量了多种因素明确赔偿数额。但具体到个案中的法官说理，在阐述酌定赔偿数额时表述方式千篇一律，大多笼统表述为"综合考虑涉案侵权行为性质和情节等因素，酌情确定赔偿数额"。在对法官说理要求日益严格的当下，面临当事人不服判决态势日渐高涨的严峻形势，法官为何不针对酌定考量因素展开详细地说理论述？这亦是本书需要深入思考挖掘的问题。

第二节　互联网新型不正当竞争案件民事赔偿制度的反思

一、损害赔偿范围界定模糊

(一)有关合理开支的规定过于抽象

在传统不正当竞争案件的司法实践中，损害赔偿范围的界定是确定损害赔偿额的关键，在互联网新型不正当竞争行为案件的司法审判中亦不例外。对于不正当竞争行为为民事赔偿责任范围的规定，主要见于我国 2017 年《反不正当竞争法》第 17 条之规定，其中提到了"因不正当竞争行为受到损害的经营者的赔偿数额，按照其因被侵权所受到的实际损失确定；实际损失难以计算的，按照侵权人因侵权所获得的利益确定。赔偿数额还应当包括经营者为制止侵权行为所支付的合理开支"。可见，因不正当竞争行为遭受的损失和为制止侵权行为所支付的合理开支，为我国目前不正当竞争案件的民事赔偿范围。具体到互联网领域，互联网新型不正当竞争行为的技术性、隐蔽性和复杂性使得无论是经营者实际损失还是侵权人所获利益都难以确定，最终确认损害赔偿数额往往需要公证处确认及专家评估，故而赔偿范围中的合理费用范围有待明确，除了调查费用，是否还包含诸如公证费用、专家评估费等合理费用？

（二）可期待利益损失规定不清晰

损害中的可期待利益损失是否应纳入损害赔偿范围予以考量？表 10-4
为本书对于互联网新型不正当竞争案件中损害赔偿范围进行的相关统计。

表 10-4　可期待利益损失是否纳入损害赔偿范围

		频率	百分比	有效百分比	累积百分比
有效	是	7	2.9	4.5	4.5
	否	150	62.0	95.5	100.0
	合计	157	64.9	100.0	—
缺失	系统	85	35.1	—	—
合计		242	100.0	—	—

从表 10-4 的相关数据可以看出，在统计的 242 份关于互联网新型不正当
竞争行为的民事判决书中，共计 150 件未将可期待利益纳入损害赔偿范围。
可以说，在互联网新型不正当竞争案件的司法实践中，未将可期待利益损失和
商誉损失纳入损害赔偿范围已成为普遍现象。然而，在互联网领域，不正当竞
争行为所导致的可期待利益损失可能远远大于直接损失。[1] 如采取"免费＋
增值"商业模式的互联网企业，该类企业将经营基础建立于大量的免费服务之
上，诸如百度、搜狐、腾讯等大部分的互联网企业皆采取了此种业务模式。[2]
这使得相当一部分不正当竞争行为导致的损害并不直接体现为价格等可计量
的因素，而是表现为受害企业的免费用户数量下降，进而使得该企业增值业务
无法面对更多用户展开，令企业丧失增值服务收入来源。如在"优酷诉徐州百
狐不正当竞争纠纷"[3]一案中，徐州百狐公司在未经优酷公司的许可下，采取
技术手段屏蔽优酷网的片头、暂停广告播放涉案影片的行为。在占用原告带
宽资源的情况下使优酷用户大量流失，不能为其带来应有的经济收益，还使优
酷不能就网站页面及影片播放时的相关广告获取直接收益，带来的损失无法

---

　　① 王艳芳：《〈反不正当竞争法〉在互联网不正当竞争案件中的适用》，载《法律适用》
2014 年第 7 期。

　　② 邓志松：《基于互联网行业对反不正当竞争案件损害赔偿计算的若干建议》，载《电
子知识产权》2013 年第 11 期。

　　③ 参见北京市海淀区人民法院(2017)京 0108 民初 54830 号。

用价格直接估量,对受害企业的商业利益造成实质性不利影响。故在互联网领域,将可期待利益损失纳入损害赔偿范围十分必要。

通过上述分析可知,互联网领域的可期待利益损失往往给互联网企业造成严重损害与影响,而《反不正当竞争法》及相关司法解释皆未明确指出可期待利益损失的重要地位,未明确将其纳入损害赔偿范围。正因如此,司法实践中法官大多漠视可期待利益损失,最终导致判决数额偏低,不利于保护互联网企业的合法权益。

二、酌定赔偿具体考量因素不明确

在规制互联网新型不正当竞争的司法实践中,大量案件以酌定方式确定损害赔偿数额,虽然酌定赔偿的本质就是法官行使自由裁量权,但是自由是有限度的。为了实现公平正义的法律价值,平衡原被告双方的利益,还需要对自由裁量权的行使进行相应限制,要求法官对适用酌定赔偿的具体情况进行充分说理。然而,现实情况是,大部分法官在判决书中对酌定赔偿依据一笔带过,不仅随意决定酌定赔偿考量因素,而且对具体考量因素如何影响损害赔偿数额以及多大程度上影响损害赔偿数额未进行充分说理。这种情况虽然源自于法律规定的缺失,导致法官在行使自由裁量权时无具体标准可寻,但也容易导致当事人对裁判结果不满,致使该类案件的上诉率增高。

三、间接损失计算方法缺失

无论是传统不正当竞争案件还是互联网新型不正当竞争案件,法官对于直接损失赔偿数额的确定并无太大争议。而对于间接损失,即可期待利益损失以及商业信誉损失数额的确定往往是司法审判的难点,这主要体现在计算方法的选择与适用上。我国《反不正当竞争法》及其他相关法律对互联网领域的可期待利益损失和商誉损失的计算方法并无相关规定供法官借鉴,在传统不正当竞争案件中,法官尚可遵循学术界的研究成果及司法界的审判经验计算间接损失数额。而在互联网领域,其不正当竞争行为之隐蔽性、技术性等特性使得间接损失的计算颇为复杂,这也为我国互联网新型不正当竞争案件的司法实践工作带来了不小的挑战。

对于传统不正当竞争案件中间接损失的计算方法通常包括前后比较法、

标杆法、成本推算法、市场份额法、模拟法等，①而具体到互联网行业，新型不正当竞争行为独具的虚拟性、隐蔽性、技术性使得互联网企业间接损失的计算方法与传统企业的计算方法存在较大差异。在互联网行业中，许多互联网企业的经营基础建立于大量的免费服务之上，如百度搜索、微博、腾讯社交网站，这使得相当一部分不正当竞争行为导致的损害并不直接体现为价格等可计量的因素，而是表现为受害人的免费用户数量下降，并对受害人的商业利益造成实质性不利影响。② 我国法律目前并未针对互联网特有的商业模式对间接损失额的计算方法作出明确规定，使得司法审判操作性差，不利于保护受害企业的合法权益。

此外，在互联网领域中，软件恶意冲突③、流量劫持④等新型不正当竞争行为频繁发生，它们侵犯的不仅是权利人的有形财产，更是具有经济利益的无形财产——商业信誉。此些行为造成的损害虽很隐蔽，却很深远。相较于传统商誉损害，互联网新型不正当竞争行为引发的商誉损害后果更加难以具体统计。故而目前对于互联网新型不正当竞争行为引发的商誉损失的计算方式，在资产评估界和法律界皆是难题。间接损失计算方法的缺失使得法院作出的最终判决结果难免有失偏颇，这理应引起我国相关立法机关的重视。

四、惩罚性赔偿机制缺失

惩罚性损害赔偿，又称示范性的赔偿或报复性的赔偿，其乃由法庭所作出的赔偿数额超出实际的损害数额的赔偿。⑤ 惩罚性赔偿制度在美国、日本及我国台湾地区获得了广泛应用，我国《消费者权益保护法》《商标法》等法律亦确立了惩罚性赔偿机制。

---

① 黄勇：《反垄断法上的损害赔偿及其计算初论》，载《中国社会科学院研究生院学报》2009 年第 7 期。

② 曲凌刚：《互联网行业不正当竞争案件审理研究》，载《现代电信科技》2014 年第 11 期。

③ 软件恶意冲突，也称软件恶意不兼容，是指恶意对其他经营者合法提供的网络产品或者服务实施不兼容的行为。目前司法实践中以"腾讯诉奇虎不正当竞争纠纷案"中的不兼容行为最为典型。

④ 抓取数据，是指利用各种恶意软件，木马修改浏览器、锁定主页或不停弹出新窗口等方式，强制用户访问某些网站，从而造成用户流量损失的情形。

⑤ 王利明：《惩罚性赔偿研究》，载《中国社会科学》2000 年第 4 期。

首先,如前文所述,损害赔偿范围界定模糊、酌定赔偿具体考量因素不明确、间接损失计算方式缺失,皆会导致法官最终的判决数额偏低,难以充分弥补受害企业的损失。若仅适用现行《反不正当竞争法》规定的补偿性责任机制,侵权行为人违法成本低廉,不足以对受害人进行充分有效的救济。而适用惩罚性赔偿,对被告施以重罚,则更能达到弥补损失、遏制侵权的效果。[①] 其次,互联网经济可以说是"牵一发而动全身",互联网领域不正当行为相对于传统不正当竞争行为,其侵害结果无论是在数量上还是广度上均更为严重。故而在互联网环境下,对不正当竞争行为的规制更有必要适用惩罚性赔偿机制。再次,虽然行政处罚和刑事处罚也具有威慑的功能,但是对受害人仅仅在精神上具有抚慰作用,受害人在经济上得不到弥补。且行政处罚可能导致执法的任意性和裁量权的滥用,刑事处罚的高门槛又使得很多轻微不正当竞争行为无法受到追究。因此,面对司法实践判决数额过低的现状,引入惩罚性赔偿制度将是大势所趋。

第三节　互联网新型不正当竞争案件民事赔偿制度的完善

一、明确损害赔偿范围

(一)明确合理支出费用的具体项目

当前,我国相关法律法规对合理费用的内容并没有具体、明确的规定,但部分法院制定的内部相关文件,如重庆市高级人民法院发布的《关于确定知识产权侵权损害赔偿数额若干问题的指导意见》、上海市高级人民法院发布的《关于知识产权侵权纠纷中适用法定赔偿方法确定赔偿数额的若干问题的意见》以及浙江省高级人民法院发布的《浙江法院实务技能手册之六知识产权审判疑难问题与解答——实体篇》中,均对合理费用作出具体规定。[②]

我国相关立法机关和司法机关可参照上述指导意见,综合考虑互联网新

---

① 扶廷凤:《论不正当竞争行为及其法律责任》,载《牡丹江教育学院学报》2015 年第 4 期。

② 林文:《反不正当竞争法律制度与实务技能》,法律出版社 2014 年版,第 219 页。

型不正当竞争行为技术性、复杂性等特性,将合理费用进行细化。具言之,合理费用应至少涵盖以下范围:(1)调查取证费;(2)技术评估费。主要包括对互联网企业可期待利益损失和商誉损失的评估费用;(3)被法院采信的审计报告的审计费和鉴定报告的鉴定费;(4)被法院采纳的证人证言的证人出庭作证必要的交通食宿费;(5)当事人及其委托代理人为调查取证而产生的必要的交通食宿费;(6)被判决采信的证据的保全、公证费;(7)为消除侵权影响而产生的费用,如必要的网络宣传费用等;(8)律师代理费。

(二)将可期待利益损失和商誉损失纳入损害赔偿范围

如前文所述,互联网领域的可期待利益损失和商誉损失较之直接损失而言,其对互联网企业造成的影响往往更为严重。故我国相关立法机关和司法机关理应考虑将可期待利益损失和商誉损失纳入损害赔偿范围,充分弥补受害企业的损失。而如何确定互联网领域中可期待利益损失和商誉损失的范围,则又是合理确定判决数额的另一关键问题。其中,由于商誉损失较为抽象,司法实践中往往需要设置其他参照物以确定商誉损失,而可期待利益损失的确定则需要具体到互联网新型不正当竞争案件中,结合互联网领域的特点总结归纳出互联网领域可期待利益损失的范围。

经梳理互联网新型不正当竞争案件判决书发现,互联网领域中的可期待利益损失具体包括利润损失和非财产性利益损失两类损失。其中,利润损失主要表现为原告在被侵权后一段期间的业务收入、广告收入、增值业务收入、游戏收入等与被侵权前相同期间的收入差额。非财产性利益损失主要表现为原告公司在不正当竞争行为发生前后相同期间的月度活跃用户数量、用户覆盖率、新注册用户数量、合作伙伴数量、软件下载量、软件受欢迎程度排行榜的名次等。

当然,原告可期待利益损失不仅由互联网新型不正当竞争行为所致,公司自身的经营模式、人才培养、管理层素质等因素均可能与原告可期待利益的损失具有一定的相关性。因此,本书认为法院还需借助评估专家或经济专家对此进行详细分析,对可期待利益损失的认定尽可能做到准确。

二、具化酌定赔偿的考量因素

在规制互联网新型不正当竞争案件时,通过尽可能地明确酌定赔偿具体考量因素与赔偿数额的因果关系以及这些考量因素如何、在多大程度上影响损害赔偿,以期酌定赔偿具有更多确定性,更少受到法官主观因素的影响。

(一)反映原告财产损失与被告获利的相关事实

反不正当竞争法遵循"完全赔偿原则",这就意味着侵害人对受害人的赔偿应当以受害人所受损失为限使受害人回到"倘若损害事件没有发生时应处的状态"。因此,即使原告损失、被告获利均无法确定,不得不采用酌定赔偿的方法确定侵权人应当承担的损害赔偿,该损害赔偿也应当以原告损失和被告获利为参照。反映原告损失的相关事实包括:原告因不正当竞争行为而减少的广告收入、增值服务收入、游戏收入、流量减少产生的损失以及商誉损失。一般而言,权利人商誉的价值越高,不正当竞争行为给权利人造成的损害就越大,损害赔偿的数额也就越多。反映被告获利的相关事实包括被告销售相关侵权产品的获利。被告侵权所得数额可以参考税务机关提供的侵害人在相关期间的销售收入和利润数额,同时考虑其他因素,并在此基础上对赔偿数额作相应增减。如在"爱奇艺诉极科极客案"中,极科极客公司的获利除了其产品对外销售取得的对价外,还包括因其产品的广告屏蔽功能所聚集的巨大客户群,虽然该客户群的价值未直接体现为金钱收益,但是还包括"因涉案不正当竞争行为所聚拢客户群潜在的盈利价值"。[1]

(二)商誉受损程度

商誉受损的程度亦可反应原告的损失程度,故而在适用酌定赔偿时也应考虑此因素。对于商誉损害的判定,实践中一般采用评估的方式确定,即由相关鉴定机构或专业的评估机构进行鉴定或评估后给出参考值,并由法官在酌定赔偿额时结合其他因素予以综合考虑。经梳理互联网新型不正当竞争案件判决书,本书认为商誉损失评估的依据可以参照受害企业获得的证书、榜单排名等,如优秀平台获奖证书、中国电子商务诚信单位证书、年度消费者喜爱网站排行榜单、年度网站排行评选结果、高新技术企业证书等。[2] 除通过评估法确定受损商誉的价值外,亦可采取替代法加以确定,即参考原告重新进行网络广告宣传等资金的投入情况(详见后文相关部分之阐述)。

---

[1] 北京知识产权法院(2014)京知民终字第 79 号民事判决书。

[2] 张钦坤:《中国互联网不正当竞争案件发展实证分析》,载《电子知识产权》2014 年第 10 期。

(三)被告主观过错程度

从目前的司法实践来看,主观过错程度俨然成为法官审理互联网新型不正当竞争案件的主要酌定因素。值得注意的是,侵权人在主观上是否具有恶意,法官在审理互联网新型不正当竞争案件时,通常会结合侵权行为的性质和后果加以推论。若侵权企业在被通知其行为构成侵权并损害了原告企业的商业利益后,立即积极采取措施停止不正当竞争行为,即推定其主观恶意程度小,法官可据此酌情予以减少赔偿数额。

(四)侵权持续时间

一般而言,互联网新型不正当竞争行为的持续时间与侵权后果成正相关关系,具体表现为侵权时间越长,原告遭受侵权损害的程度就越深,被告因此所获利益也就越多。需要指出的是,被告企业在被通知停止不正当竞争行为后立即采取措施停止不正当竞争行为的时间为侵权持续时间的终结。在此应注意,被告企业采取措施须"积极"且对停止侵权行为有着"实质性的推动作用"。这是由于互联网领域的特性,不正当竞争行为会给受害企业带来迅速、巨大的影响,即使停止不正当竞争行为,亦难以阻挡不正当竞争行为在互联网领域传播影响的迅猛之势。但只要被告企业采取的措施能在一定程度上减轻原告的损害,并朝着消除影响的方向积极努力采取措施,即认定为有"实质性的推动作用"。[1]

(五)侵权范围

传统意义的侵权范围是指侵权行为及其结果所及的地域范围。范围的大小决定了给受害企业带来的损失以及受害企业为弥补声誉所需要投入的成本,因而侵权范围理应作为酌定赔偿考量的因素。在互联网新型不正当竞争案件中,由于互联网的广域性,侵权行为及其结果的覆盖面相当广泛,其扩散的范围可能是任何运用互联网的用户。[2] 具体到不同类型的互联网新型不正当竞争案件,侵权人的损害范围可依靠用户覆盖率、新注册用户数量等指标间接反映。

(六)被告的市场份额

被告的市场份额与侵权结果往往有着密不可分的联系。互联网企业市场

---

[1] 谭俊:《不正当竞争对互联网行业的影响》,载《网络法律评论》2015年第2期。

[2] 祝建军:《审理网络不正当竞争案件的思路》,载《网络法律评论》2015年第2期。

份额的数据来源主要包括以下几个方面:一是被告在其官方网站或者公司年报中发布的相关信息;二是行业研究机构所发布的报告;三是相关媒体刊登的文章。其中第二类和第三类数据往往是咨询公司对相关行业所做的整体分析;针对具体个案,第二类和第三类数据还需结合其他数据来进一步确定市场份额。

从法理上讲,侵权赔偿额体现为可赔偿损害的量化形式,因此,能够转化为量化形式的酌定因素对于酌定目标的实现最有意义。实践中,企业的相关会计凭证、纳税登记材料、侵权人公开资料上宣传的用户流量、从相关统计职能部门或行业协会提取的资料等,均可作为量化时考虑的因素。[1] 上述提到的酌定因素是审理互联网新型不正当竞争行为案件应重点考量的主要因素,虽无法穷尽一切可能,但至少是提示我们在确定互联网新型不正当竞争行为损害赔偿数额时,均应基于互联网新型不正当竞争行为的隐蔽性、技术性、复杂性等特点进行综合考量,让赔偿尽量做到公平、合理。[2]

三、完善互联网领域间接损失的计算方法

(一)明确可期待利益损失的计算方法

无论是传统不正当竞争案件还是互联网新型不正当竞争案件,前后比较法、标杆法、市场份额法等基本计算方法皆可作为可期待利益损失的计算方法。具体到互联网领域,本书试以采用免费服务与收费服务相结合的商业模式的互联网企业为例,其损失主要体现为免费用户数量的下降,以及对商誉造成不利影响。对于采用此类商业模式的互联网企业可期待利益损失的计算,本书建议采用"市场份额法"[3]。具言之,即以免费用户视为基础的市场份额,计算出假设没有遭受不正当竞争行为损害情况下原告可以获得的原本市场份

---

[1] 河南省高级人民法院、长沙市中级人民法院联合课题组:《关于确定知识产权侵权损害赔偿数额证据认定相关问题》,载蒋志培:《知识产权民事审判证据实务》,中国法制出版社 2008 年版,第 201~203 页。

[2] 吴太轩:《互联网不正当竞争案件酌定赔偿考量因素的实证研究——以 312 份法院判决为样本》,载《经济法论坛》2017 年总第 18 卷。

[3] 市场份额法,即借助前后比较法和标杆法来求得原本市场份额,然后以之与原告的实际市场份额比较,所得差额为原告因被告违法行为丧失的市场份额,差额乘以市场销售总额得出丧失的销售额,再乘以原告的平均利润幅度得出原告丧失的利润,即损害赔偿。

额(前后比较法及标杆法),随后与原告的实际市场份额比较,所得差额为原告因被告不正当竞争行为丧失的市场份额。互联网新型不正当竞争案件与传统不正当竞争案件相比,"市场份额法"的应用原理是一致的,仅仅是市场份额的表现形式因商业模式的不同而有所差异。因此,对互联网领域商业模式的充分把握是准确计算赔偿数额的关键,这亦对法官、行业专家等提出了更为严格的要求。

(二)明确商誉损失的计算方法

目前多数国家对商誉损失的赔偿都在竞争法中予以规定,并通常采取评估的方式量化其财产利益的价值。资产评估机构拥有专业的知识和科学的评估手段,能在科学的分析基础上得出相对准确、客观的结果。这种相对准确、客观的结果减轻了法官的负担,使法院的裁判建立在一个更公正和更准确的基础上,有利于对受害人的商誉利益进行保护。因此,对于互联网新型不正当竞争行为造成的商誉损失,本书建议对其采用评估的方式予以量化。采用评估方式确定商誉损失,须成立专门的评估机构和建立完善的商誉价值评估体系。传统领域关于商誉损失的具体计算方法主要包括差额法[①]、求和法[②]、替代法[③]及成本法[④]四种。具体到互联网领域,差额法和求和法由于需要考虑的因素太多,计算起来难度较大;而替代法和成本法,互联网企业皆可以广告投入费用代替商誉损失,从而只需计算出为广告投入资产、人力、时间因素即可。因此,本书认为替代法和成本法不失为计算互联网领域商誉损失的合理计算方法。

四、建立严格的惩罚性赔偿制度

如前文所述,惩罚性赔偿制度可对互联网企业产生威慑作用,亦可有力弥补受害企业的损失。故我国《反不正当竞争法》除了针对商业秘密侵权行为可以适用惩罚性赔偿,对于其他不正当竞争,也可规定惩罚性赔偿。立法引入惩

[①] 差额法指商誉价值能够以企业整体的价值与有形资产价值之间的差额表示。

[②] 求和法指逐一列出侵权人获利范围或受害人损失范围及相应数额,并进行加总求和。

[③] 替代法指以原告为恢复商誉损失而支出的合理费用作为商誉损失赔偿额,从而使商誉损失的计算具体化。

[④] 成本法即以原告的广告投入费作为商誉损失。

罚性赔偿制度,对于规范互联网领域的良性秩序将具有重要意义。而基于惩罚性赔偿制度的惩罚特性,在构建惩罚性赔偿制度时,要求我国相关立法将其适用予以严格的条件限制,并对惩罚性赔偿的惩罚比例、考量因素加以明确。

(一)适用条件

具体而言,可以从以下几方面限制惩罚性赔偿的适用条件:

1. 侵权行为的性质、情节严重。侵权行为是损害发生的源头,也是惩罚与预防所指向的对象,没有侵权行为则没有赔偿,因此侵权行为是赔偿发生的不可缺少的要件之一。但是并非对所有的侵权行为都应适用惩罚性赔偿。由于这一制度的主要功能是惩罚和遏制,对于轻微的侵权行为,不应当也没有必要适用;只有那些性质、情节严重的侵权行为,才得以适用惩罚性赔偿。对于互联网新型不正当竞争行为的性质、情节在何种程度可被视为严重,可参照酌定赔偿考量因素部分,综合多种因素而确定。

2. 具有主观恶意。美国适用惩罚性赔偿制度确定赔偿数额时,要求侵权人的主观具有故意或重大过失。[①] 我国台湾地区《消费者保护法》第51条规定惩罚性赔偿要求行为人主观具有故意或过失。本书认为,在我国目前的互联网经济背景下,若将过失也纳入惩罚性赔偿范围,不利于鼓励互联网技术创新,但为了加大力度保护受害企业的权益,应当将"重大过失"作为惩罚性赔偿的主观要件。因此,唯有被告主观上具有"故意"或"重大过失"方能考虑适用惩罚性赔偿。

3. 损害后果严重。由于惩罚性赔偿的功能之一是弥补原告遭受的重大损失,因此严重的损害后果也是惩罚性赔偿的适用前提。如前文所述,互联网新型不正当竞争行为的损害后果主要包括直接财产损失、可期待利益损失(包括利润损失、非财产性利益损失以及为消除违法行为所造成的潜在危害后果而支出的有关费用)、商誉损失以及合理费用。被告的不正当竞争行为须给原告带来了严重的损害,造成巨大的损失数额("巨大"的具体数额标准可根据各地方的发展情况而定)、非财产性利益损失严重(可参照月度活跃用户数量、用户覆盖率、新注册用户数量、合作伙伴数量、软件下载量、软件受欢迎程度排行榜的名次等)、商誉损失严重(由专业机构进行评估),唯有损害后果达到严重的程度,被告才具有可非难性。

---

① 王利明:《美国惩罚性赔偿制度研究》,载《比较法学研究》2005年第5期。

(二)惩罚性赔偿数额的确定

虽然惩罚性赔偿基于法官的自由裁量,但这种裁量应该具有可预测性。结合国内外惩罚性赔偿的立法实践,本书认为,应在损失数额与惩罚性赔偿数额之间确立一定的比例关系,从而增强赔偿的可预测性,并保证判决的统一性。关于惩罚比例的确定则需要注意两个问题:其一,基数的选择。对于惩罚性赔偿金的基数,原告损失可以确定的,以原告损失作为基数;原告损失无法查明的,也可以被告的侵权获利作为基数。当然,如上文所述,互联网新型不正当竞争案件在司法实践中通常采取酌定赔偿的方式,因而在此种情形也可以酌定赔偿数额作为基数。其二,倍数的选择。我国 2013 年《消费者权益保护法》①将惩罚性赔偿的倍数增加至三倍赔偿,2019 年修订的《商标法》②也修改了惩罚性赔偿机制,确立了一倍以上五倍以下的赔偿数额,由此可以看出当前我国立法者愈发注重对被告的威慑效果以及对原告的激励功能,此立法理念同样适用于竞争日益激烈的互联网领域。因此本书建议法官综合考虑相关因素,按基数的"一倍以上三倍以下"酌情确定赔偿数额。

为了避免裁量过于随意,本书认为,应当在立法上明确规定确定惩罚性赔偿数额时参考的相关因素,在此可以参考上文中的酌定因素,包括反映原告财产损失与被告获利的相关事实、企业形象或商誉受损程度、侵权企业主观过错程度、侵权持续时间、侵权范围、被告的市场份额、制止侵权行为的合理开支等,这里不作重复阐述。除此之外,基于惩罚性赔偿的效果与功能,其适用还应考虑以下因素:

1. 违法企业的财产状况和赔偿能力。鉴于我国互联网市场经济尚处于起步阶段,经济基础仍然十分薄弱,对于互联网企业的发展应当以扶植为主。因此,惩罚性赔偿数额的确定还应考虑违法企业的财产状况和赔偿能力,对于

---

① 2013 年《消费者权益保护法》第 55 条规定:"经营者提供商品或者服务有欺诈行为的,应当按照消费者的要求增加赔偿其受到的损失,增加赔偿的金额为消费者购买商品的价款或者接受服务费用的三倍。"

② 2019 年《商标法》第 63 条第 1 款规定:"侵犯商标专用权的赔偿数额,按照权利人因被侵权所受到的实际损失确定;实际损失难以确定的,可以按照侵权人因侵权所获得的利益确定;权利人的损失或者侵权人获得的利益难以确定的,参照该商标许可使用费的倍数合理确定。对恶意侵犯商标专用权,情节严重的,可以按照上述方法确定数额的一倍以上五倍以下确定赔偿数额。赔偿数额应当包括权利人为制止侵权行为所支付的合理开支。"

有改过自新可能的经营者，合理的赔偿数额应当限定在使其能够受到警诫但又不至于破产的范围内。

2. 违法企业遭受的其他处罚情况。若违法企业因其不法行为已经承担了其他的民事责任、行政责任或刑事责任，已经达到惩罚和吓阻被告的目的，此时为避免过度赔偿的状况出现，理应适当降低惩罚性的赔偿金的数额。

第十一章
互联网新型不正当竞争行为的立法反思及建议

造成我国互联网新型不正当竞争行为规制乱象,究其原因,一方面在于法官对《反不正当竞争法》一般条款的适用比较随意,另一方面则主要源于我国《反不正当竞争法》落后于互联网经济的发展,在相当长一段时间内缺乏对互联网不正当竞争行为的类型化条款。即使 2017 年《反不正当竞争法》规定了专门的互联网不正当竞争行为,但是新法的一些规定仍有值得商榷之处。因此有必要对规制互联网新型不正当竞争的相关立法进行反思,并提出相关建议。

第一节　一般条款方面

一、认定不正当竞争行为的伦理标准与经济分析标准应从分裂走向融合

通过对 1993 年《反不正当竞争法》第 2 条条文的分析,可以发现该条本身并未指出具体判定"不正当竞争行为"的确定性标准,而是高度依赖于"诚实信用原则和公认的商业道德",并在一定程度上割裂不正当竞争行为的伦理分析标准与经济分析标准。曾有学者指出《反不正当竞争法》第 2 条第 1 款与第 2 款割裂造成的问题,按照《反不正当竞争法》第 2 条第 1 款的要求,遵循了自愿、平等、公平、诚实信用的原则,遵守了公认的商业道德,是否就意味着不属于不正当竞争? 相反,违背了这些原则或者公认的商业道德,就构成了不正当竞争行为?[①] 不仅如此,从经济分析标准来看,《反不正当竞争法》第 2 条第 2

---

① 焦海涛:《不正当竞争行为认定中的实用主义批判》,载《中国法学》2017 年第 1 期。

款将不正当竞争行为规定为"经营者违反本法规定,损害其他经营者的合法权益,扰乱社会经济秩序的行为"。那么对于那些《反不正当竞争法》第2章没有进行类型化规定的新型不正当竞争行为,在按照一般条款来认定其行为性质时,一旦违背"自愿、平等、公平、诚实信用"和"公认的商业道德",并且对其他经营者的合法权益造成损害的,就将会认定为不正当竞争行为。而许多民事侵权行为或者违约行为也违反了"自愿、平等、公平、诚实信用"原则,并且对其他经营者合法权益造成损害,如果这些普通民事侵权行为或违约行为也视为不正当竞争行为,将会极大弱化反不正当竞争法之"市场规制法"的属性,甚至反不正当竞争法没有存在的必要性,直接按照侵权行为法或者合同法即可对违反"自愿、平等、公平、诚实信用"并且"损害其他经营者合法权益"的行为进行处理了。由于《反不正当竞争法》第2条在伦理分析标准与经济分析标准两方面均存在疵瑕,导致司法实践中法官在适用该条认定互联网新型不正当竞争行为时存在较大的不确定性:一些法官在对互联网新型不正当竞争行为进行认定时着重从商业道德方面进行考量;一些法官则着重从是否损害消费者利益、经营者利益等方面进行考量。

多元诉求的无序竞争将不可避免带来社会失序的危机。[①] 面对不正当竞争行为认定规则的乱象,2017年《反不正当竞争法》虽然对一般条款和不正当竞争行为的认定作了一些修改,但上述伦理标准与经济分析标准割裂的现象仍未得到根本解决,这可能造成在认定不正当竞争行为时,仍然存在部分法官侧重于从"是否损害商业道德"的"伦理标准"来进行判断,而部分法官却侧重于从是否损害"经营者或消费者利益"的"结果标准"来进行判断的现象。由于每个市场主体为了自我发展的需要,都想尽可能多地占有资源,各自利益的需求与矛盾很容易成为引起冲突的导火索,在这种情况下,需要伦理道德缓和人与人之间的对抗,平息个体间的争斗。[②] 而商业道德是商人在商业活动中处理内外部利益关系的各种善恶价值取向的总和,是一般社会伦理在商业领域的变异结果;[③]诚实信用作为长期商业实践中约定俗成的行为规范,可以视作

---

① 秦小建:《价值困境、核心价值与宪法价值共识》,载《法律科学》2014年第5期。

② [德]米歇尔·鲍曼:《道德的市场》,肖君、黄承业译,中国社会科学出版社2003年版,第27页。

③ 黄武双:《经济理性、商业道德与商业秘密保护》,载《电子知识产权》2009年第5期。

商业道德的核心,因此,要求在立法中界定不正当竞争行为时需要从诚实信用
等方面分析经营者的行为是否违反商业道德,并将之作为"正当"与"不正当",
进而决定"合法"与"不合法"的评判标准。① 但是,违反商业道德的行为不一
定会造成危害后果(比如仅仅是编造但未散播出去的诽谤言辞),因此在认定
不正当竞争行为时还要分析行为所造成的客观后果,即看其是否影响竞争秩
序,妨碍竞争机制,也就是对市场行为进行"竞争效果评估"。对市场竞争效果
进行评估的方式不再依赖道德因素的主观判断,而更多借助一种价值中立、客
观的方式。② 评估的重点在于竞争行为是否对健康的竞争机制造成损害,即
竞争秩序是否被扭曲,因为在反不正当竞争法中,未扭曲的竞争被作为不正当
竞争的反义使用。③ 因此,以后在制定《反不正当竞争法》实施细则或司法解
释时,对不正当竞争行为的界定有必要将"伦理标准"与"结果标准"整合在一
起,这样可以保证法官在界定不正当竞争行为时,同时考虑两个标准,尽可能
减少出现案情相似但判决迥异的情况。

二、删除不正当竞争行为认定的"消费者利益损害标准"

《反不正当竞争法》在修订过程中,几个修订版本的一般条款在界定不正
当竞争行为时一直在是否将"损害消费者合法权益"作为认定不正当竞争行为
的结果条件上摇摆不定,这反映了学界对不正当竞争行为的认定是否应该增
加"损害消费者合法权益"作为结果条件存在激烈争锋。有学者建议立法在界
定不正当竞争行为时,要将"损害消费者利益"作为不正当竞争行为的结果要
件,其理由是:现代反不正当竞争法具有"多重法域、多元保护"的特征,④其不
仅保护经营者利益,而且还保护消费者利益与公共利益;⑤许多国家的反不正

---

① 孟雁北:《论反不正当竞争立法对经营自主权行使的限制——以〈反不正当竞争
法(修订草案送审稿)〉为研究样本》,载《中国政法大学学报》2017 年第 2 期。

② Reto M.Hilty,The Law against Unfair Competition and Its Interfaces,In Reto M.
Hilty,Frauke Henning-Bodewig eds,*Law against Unfair Competition*,Berlin Heidelberg:
Springer,2007,pp.1~52.

③ 范长军:《德国反不正当竞争法研究》,法律出版社 2010 年版,第 110 页。

④ 郑友德、胡承浩、万志全:《论反不正当竞争法的保护对象——兼评"公平竞争
权"》,载《知识产权》2008 年第 5 期。

⑤ 杨华权:《论一般消费者标准在反不正当竞争法中的构建与适用》,载《知识产权》
2017 年第 1 期。

当竞争立法亦将消费者保护作为其一般条款的重要内容,而且反不正当竞争法对消费者权益也逐渐从间接保护转向为直接保护。[①] 而且互联网经济模式一改消费者既往的被动地位,换之以主动状态参与到信息的创造及提供活动中来。[②] 2017 年《反不正当竞争法》充分考虑了这些学者的主张,在第 2 条中认定不正当竞争行为时增加了"损害消费者合法权益"的规定。

但是,本书认为 2017 年 2 月和 8 月的两个《修订草案》在界定不正当竞争行为时均将"损害消费者合法权益"删除的做法更值得肯定。其原因是,将不正当竞争行为的结果要件规定为"损害其他经营者或者消费者的合法权益",可能造成大量本可直接依据消费者权益保护法进行处理的行为却由反不正当竞争法管辖。比如,强制交易行为直接损害了消费者利益,也扰乱了竞争秩序,因为该行为使其他经营者失去了本该得到的交易机会。根据 2017 年《反不正当竞争法》第 2 条之规定,可以认定为不正当竞争行为。但是,这是一种典型的应该由消费者权益保护法直接处理的行为。《反不正当竞争法》将"损害消费者利益"作为不正当竞争行为的结果条件,又没有对什么是消费者利益进行界定,将会模糊反不正当竞争法与消费者权益保护法的界限,不利于反不正当竞争法保护公平竞争立法目的之实现。由于反不正当竞争法的直接目的是制止不正当竞争行为,保护经营者合法利益,间接目的是维护公平的市场竞争秩序,其对消费者利益的保护只能是间接保护。因此,反不正当竞争法在对不正当竞争行为进行界定时,不宜将"损害消费者合法权益"作为结果要件,否则会模糊反不正当竞争法与消费者权益保护法的关系。尽管有学者认为反不正当竞争法视野下的消费者不同于消费者权益保护法中的消费者,其不是指单个的消费者,而是指作为整体的消费者。[③] 但是,在反不正当竞争法没有对何谓消费者进行界定之前,普通公众仍然会认为《消费者权益保护法》和《反不正当竞争法》中的"消费者"没有本质区别。为了不混淆《反不正当竞争法》与《消费者权益保护法》的调整范围,反不正当竞争法在界定不正当竞争行为时,应该将不正当竞争行为的结果要件界定为"损害竞争对手的合法权益"。但

---

① 〔德〕弗诺克·亨宁·博德维希主编:《全球反不正当竞争法指引》,黄武双、刘维、陈雅秋译,法律出版社 2015 年版,第 116～126 页。

② 杨东:《互联网金融的法律规制——基于信息工具的视角》,载《中国社会科学》2015 年第 4 期。

③ 杨华权:《论一般消费者标准在反不正当竞争法中的构建与适用》,载《知识产权》2017 年第 1 期。

是,针对互联网行业中经营者竞争关系的边界日益模糊,应对竞争对手作扩大解释。①

第二节　互联网不正当竞争类型化条款方面

一、《反不正当竞争法》对互联网不正当竞争行为的类型化规定

所谓互联网不正当竞争的类型化,是指通过将不正当竞争行为的个案进行整理归类,确立不同的案件类型,并为每一种类型设立构成要件和法律后果,以此为新案件的裁判提供指引,从而最大限度地保证反不正当竞争法一般条款具体化的客观性和正确性。② 但是,由于 1993 年《反不正当竞争法》在互联网经济还未充分发展的条件下,无法对互联网新型不正当竞争行为作出类型化规定,因此在 2017 年《反不正当竞争法》生效之前,法官只能援引 1993 年《反不正当竞争法》第 2 条来认定互联网新型不正当竞争行为,这不可避免会造成上述实证调研揭示出来的问题。

随着互联网经济的发展,对于互联网新型不正当竞争行为已经形成了一批司法案例,对于预防和规制互联网新型不正当竞争行为也达成了一些行业自律性公约,因此,通过将司法实践中常见且较为成熟并具有一定规律性的互联网新型不正当竞争行为进行类型化规定,有助于互联网企业明晰其行为的合法边界,避免其采取试错的方式来摸索合法技术创新或者商业模式替代与不正当竞争行为之间的界限;同时,直接法律依据的出现对于像我国这样的成文法国家而言,能够促进法官采用符合一般法律适用逻辑的明晰的三段论形式对互联网不正当竞争行为进行认定,③降低同类案件"同案不同判"的可

---

① 王先林:《论反不正当竞争法调整范围的扩展——我国〈反不正当竞争法〉第 2 条的完善》,载《中国社会科学院研究生院学报》2010 年第 6 期;郑友德、杨国云:《现代反不正当竞争法中"竞争关系"之界定》,载《法商研究》2002 年第 6 期;李胜利:《论〈反不正当竞争法〉中的竞争关系和经营者》,载《法治研究》2013 年第 8 期。

② 谢晓尧:《在经验与制度之间:不正当竞争司法案例类型化研究》,法律出版社2010 年版,第 131 页。

③ 石必胜:《网络不正当竞争纠纷裁判规则的激励分析》,载《电子知识产权》2014 年第 10 期。

能性。

基于互联网不正当竞争行为的日益增多,多数学者和法官主张在反不正当竞争法中规定专门的互联网不正当竞争条款。当公众的意见充分支持的时候,立法机关应毫不犹豫地开拓法条的适用范围,①对互联网不正当竞争行为进行了类型化规定。我国 2017 年《反不正当竞争法》第 12 条将互联网不正当竞争规定为:"经营者利用网络从事生产经营活动,应当遵守本法的各项规定。经营者不得利用技术手段,通过影响用户选择或者其他方式,从事下列妨碍、破坏其他经营者合法提供的网络产品或者服务正常运行的行为:(一)未经其他经营者同意,在其合法提供的网络产品或者服务中,插入链接、强制进行目标跳转;(二)误导、欺骗、强迫用户修改、关闭、卸载其他经营者合法提供的网络产品或者服务;(三)恶意对其他经营者合法提供的网络产品或者服务实施不兼容;(四)其他妨碍、破坏其他经营者合法提供的网络产品或者服务正常运行的行为。"这与《修订草案》(2017 年 2 月版)相比,增加了兜底性条款,这是一个明显进步。2017 年《反不正当竞争法》"互联网专条"有效地解决了我国《反不正当竞争法》中规制新型互联网不正当竞争行为法律依据的缺失问题,②增强了企业对自己实施的互联网竞争行为正当与否的预判性。③

但是,由于各种原因,"互联网专条"也存在以下问题:

(一)表述不清,用语不周延

"互联网专条"中的列举式条款普遍存在这个问题。如第 2 款第 1 项中的"影响用户选择",市场中的任何企业实施任何经营活动都需要通过影响消费者选择来达到竞争目的,如此一来,"影响用户选择"便不应当作为认定互联网不正当竞争行为的判断标准,不当"影响用户选择"的手段才是法律需要规制的对象。④又如第 2 项中的"未经其他经营者同意",该项规定是否存在豁免情形? 比如,设置链接(插标)等行为若有合理理由,则不经其他经营者同意的

---

① Show v.Director of Public Prosecutions,(1961)2All E.R.446.

② 臧阿月:《竞争法视野下新型互联网不正当竞争行为的规制——兼论新〈反不正当竞争法〉"互联网专条"》,载《吉林工商学院学报》2018 年第 4 期。

③ 田小军、朱莹:《新修订〈反不正当竞争法〉"互联网专条"评述》,载《电子知识产权》2018 年第 1 期。

④ 李阁霞:《互联网不正当竞争行为分析——兼评〈反不正当竞争法〉中"互联网不正当竞争行为"条》,载《知识产权》2018 年第 2 期。

行为依然认定不正当竞争就不是很合理。再如"互联网专条"第 2 项中只规定了互联网新型不正当竞争行为的消极构成要件,即"误导、欺骗、强迫",如若互联网用户并没有被误导、欺骗、强迫,而是有意、真实、自愿的,是否也构成不正当竞争?比如视频广告拦截软件的下载,互联网用户并没有被误导、欺骗或强迫,但在我国多数法院认定此类行为构成不正当竞争。上述种种,表明了"互联网专条"的列举式条款存在瑕疵。

(二)个别规定过于具体,涵盖面较窄

"互联网专条"第 2 款第 1、2 项列举式规定的内容多数是对已有典型新型互联网不正当竞争个案的提炼,虽然日后同类案件能够得到具体明确的适用,但由于个案自身具有特殊性,以致这两项条款能否具有广泛涵盖性和普遍适用性还有待考究。

(三)个别规定过于概括,适用有偏差

"互联网专条"第 2 款第 3 项也列举式规定了一些行为,但与前两项相反,表现得过于概括,以致无法精准定位于所调整的互联网新型不正当竞争行为,很容易在具体个案适用中产生偏差。一方面,法律上的"有意"并非"恶意",如何对二者进行界定是一个难题;另一方面,认定此类新型不正当竞争行为的标准并非是"是否实施兼容",在市场竞争激烈的情况下,"实施兼容"本就不是互联网企业的义务。[1] 因此法律笼统禁止并非好事,甚至可能会导致限制竞争的后果。

(四)兜底性条款难以有效兜底

"互联网专条"第 2 款第 4 项规定的兜底内容过于"宏观",未厘清互联网新型竞争行为正当与不正当的界限。因为在互联网时代,实现创新和超越的必由之路,很有可能就是通过利用技术手段去"妨碍、破坏"其他互联网企业的产品或服务,如若都用条文笼统地、普遍地禁止"妨碍、破坏"其他互联网企业产品、服务的行为,将可能与世界各国奉行的竞争保护宗旨和竞争自由理念相背。[2]

---

① 李阁霞:《互联网不正当竞争行为分析——兼评〈反不正当竞争法〉中"互联网不正当竞争行为"条》,载《知识产权》2018 年第 2 期。

② 李涵:《互联网不正当竞争行为类型化的立法规制问题研究》,浙江财经大学 2018 年硕士学位论文。

二、互联网不正当竞争行为类型化条款的完善建议

由于《反不正当竞争法》若"适之过窄，必然使那些破坏市场公平竞争秩序的行为者成为落网之鱼，有损于经济健康发展；适之过宽，同样会导致各部门法适用之间的重叠、甚至冲突，加大司法适用的运行成本，并且有可能会阻碍新型经济模式的发展速度，减缓增长效率，使经营者不能将主要精力集中到自身企业经营发展之中"。[①]《反不正当竞争法》在类型化规定互联网不正当竞争行为时，其范围也应宽窄适度，对于那些发生频率较高、危害比较严重的互联网不正当竞争行为，有必要在类型化条款中明确规定。根据现有案例统计，在互联网领域的不正当竞争中，除诋毁商誉与虚假宣传外，软件干扰与不正当利用他人竞争优势"搭便车"是最常见的不正当竞争行为。在他人产品或服务中插入链接或广告等推广信息，是借助其他经营者提供的产品和服务，不正当地为自己谋取商业机会、商业利益的典型"搭便车"行为。针对 2017 年《反不正当竞争法》第 12 条第 2 款第 1 项所规定的"插入链接、强制进行目标跳转"范围过窄的问题，建议以后在制定《反不正当竞争法实施细则》或者司法解释的时候增加"插入广告等推广信息"。

此外，《反不正当竞争法》实施细则或者司法解释应当将非法抓取他人数据和内容的行为明确界定为不正当竞争行为，因为此类行为通常具有"准侵犯著作权"之嫌疑，具有"不劳而获"的特征，违反《反不正当竞争法》的基本理念。数据与内容的获取和整理耗费了互联网经营者大量经营成本，并构成了互联网经营者从事市场竞争的核心竞争力，如果被其他经营者通过抓取和破坏的方式加以利用，则互联网经营者将面临用户流失、网络产品或服务被完全替代等情形的发生，其合法权益将受到极大损害，不利于促进技术进步和发展。除软件干扰行为和通过在他人产品中插入商业内容以不正当获取商业机会两类行为外，互联网新型不正当竞争中关于内容和数据抓取的不正当竞争案件已日益增多，影响颇大的有 2011 年"大众点评诉爱帮案"，以及近年来众多互联网视频网站起诉聚合类视频播放器的案件和未经许可使用他人数据的案件等，都体现了此类行为对互联网行业正当竞争秩序的极大危害，因此需要规制。在司法实践中，通过网络技术手段拦截他人合法网络广告、擅自更改他人

---

① 陶钧：《论反不正当竞争法在"互联网＋"经济模式下适用的正当性分析》，载《竞争政策研究》2016 年第 5 期。

主页、通过技术设置阻止用户访问其他经营者的商品并进而引导用户转向自身经营商品的链接、实施软件攻击、浏览器自动屏蔽他人搜索引擎的部分搜索结果等,也是法官们处理较多的互联网新型不正当竞争行为,因此有必要在将来制定《反不正当竞争法》实施细则或者司法解释时,将这些行为列举为《反不正当竞争法》第12条第2款第4项所规定的兜底条款之内容,从而增强"其他妨碍、破坏其他经营者合法提供的网络产品或者服务正常运行的行为"兜底条款的可操作性。

171

参考文献

一、主要中文参考文献

(一)著作类

1.李昌麒:《经济法学》,法律出版社 2008 年版。

2.李明德:《知识产权法》,北京师范大学出版社 2011 年版。

3.孔祥俊:《反不正当竞争法原理》,知识产权出版社 2005 年版。

4.谢晓尧:《在经验与制度之间:不正当竞争司法案例类型化研究》,法律出版社 2010 年版。

5.靳学军、宋鱼水:《互联网的理性与秩序:网络侵权法律适用与典型案例精析》,人民法院出版社 2006 年版。

6.[美]卡尔·夏皮罗、哈尔·瓦里安:《信息规则——网络经济的策略指导》,张帆译,中国人民大学出版社 2000 年版。

7.张平:《互联网法律法规汇编》,北京大学出版社 2012 年版。

8.刘品新:《网络法学》,中国人民大学出版社 2008 年版。

9.刘玥:《网络法律热点问题研究》,知识产权出版社 2008 年版。

10.陈宏民、胥莉:《双边市场——企业竞争环境的新视角》,上海人民出版社 2007 年版。

11.[美]理查德·A.波斯纳:《反托拉斯法》,孙秋宁译,中国政法大学出版社 2003 年版。

12.李剑:《搭售的经济效果与法律规制》,中国检察出版社 2007 年版。

13.王传辉:《反垄断的经济学分析》,中国人民大学出版社 2004 年版。

14.徐世英:《竞争法新论》,北京大学出版社 2006 年版。

15.刘培刚、郑亚琴:《网络经济学》,华东理工大学出版社 2007 年版。

16.毛丰付:《标准竞争与竞争策略——以 ICT 产业为例》,上海三联书店出版社 2007 年版。

18.[美]安娜贝拉·加威尔、迈克尔·库苏麦诺:《平台领导——英特尔、微软和科斯如何推动行业创新》,广东经济出版社 2007 年版。

19.谢晓尧:《竞争秩序的道德解读——反不正当竞争法研究》,法律出版社 2005 年版。

20.金碚:《竞争秩序与竞争政策》,社会科学文献出版社 2005 年版。

21.郑友德、范长军:《德国反不正当竞争法研究》,法律出版社 2010 年版。

22.[比]保罗·纽尔:《竞争与法律——权力机构、企业和消费者所处的地位》,法律出版社 2004 年版。

23.徐国栋:《民法基本原则解释——以诚实信用原则的法理分析为中心》,中国政法大学出版社 2004 年版。

24.刘善春、毕玉谦、郑旭:《诉讼证据规则研究》,中国法制出版社 2000 年版。

25.江伟、王利明、曾宪义:《民事诉讼法》,中国人民大学出版社 2011 年版。

26.赵栋:《反垄断民事证据制度研究》,中国政法大学出版社 2014 年版。

27.施高翔:《中国知识产权禁令制度研究》,厦门大学出版社 2011 年版。

28.林文:《反不正当竞争法律制度与实务技能》,法律出版社 2014 年版。

29.吴太轩:《技术标准化的反垄断法规制》,法律出版社 2011 年版。

30.范长军:《德国反不正当竞争法研究》,法律出版社 2010 年版。

31.[德]米歇尔·鲍曼:《道德的市场》,肖君、黄承业译,中国社会科学出版社 2003 年版。

32.[德]弗诺克·亨宁·博德维希主编:《全球反不正当竞争法指引》,黄武双、刘维、陈雅秋译,法律出版社 2015 年版。

(二)论文类

1.吴洒宗、蒋海华:《对网络外部性的经济学分析》,载《同济大学学报(社科版)》2002 年第 6 期。

2.李剑:《MSN 搭售和单一产品问题》,载张平主编:《网络法律评论》,法律出版社 2004 年版。

3.黄礼彬:《从"3Q 案"判决看网络经济中滥用市场支配地位的法律问题》,载《湖北函授大学学报》2014 年第 6 期。

4.仲春:《互联网行业反垄断执法中相关市场界定》,载《法律科学》2012 年第 4 期。

5.岳中刚:《双边市场的定价策略及反垄断问题研究》,载《财经问题研究》2006 年第 8 期。

6.徐炎:《互联网领域相关市场界定研究——从互联网领域竞争特性切入》,载《知识产权》2014年第2期。

7.戴莉莉:《2012年互联网竞争的六大趋势——腾讯、网易、新浪、搜狐2011年度财务报告比较分析》,载《传媒观察》2012年第5期。

9.王艳芳:《〈反不正当竞争法〉在互联网不正当竞争案件中的适用》,载《法律适用》2014年第7期。

10.张江莉:《互联网市场规范中的竞争问题》,载《网络法律评论》2012年第2期。

11.梁上上:《利益的层次结构与利益衡量的展开》,载《法学研究》2002年第1期。

12.孙笑侠:《论法律与社会利益》,载《中国法学》1995年第4期。

13.李友根:《社会整体利益的代表机制研究》,载《南京大学学报(哲学·人文科学·社会科学)》2002年第2期。

14.王先林:《论反不正当竞争法调整范围的扩张——我国〈反不正当竞争法〉第2条的完善》,载《中国社会科学研究生院学报》2010年第6期。

15.蒋舸:《〈反不正当竞争法〉一般条款在互联网领域的适用》,载《电子知识产权》2014年第4期。

16.王红霞:《竞争正当性的一般标准——交易实现机制的视角》,载《求索》2008年第6期。

17.徐士英:《互联网行业竞争行为的法律适用》,载《互联网版权深度观察》2014年第3期。

18.张占江:《不正当竞争行为认定的逻辑与标准》,载《电子知识产权》2013年11期。

19.胡震远:《我国专家证人制度的建构》,载《法学》2007年第8期。

20.穆昌亮:《试论我国民事诉讼费用制度》,载《政治与法律》2007年第4期。

22.谭俊:《论互联网行业不正当竞争的新特征及其法律规制》,载《电子知识产权》2014年第10期。

23.孙彩虹:《我国诉前禁令制度:问题与展开》,载《河北法学》2014年第8期。

24.孙应征、刘国媛:《略论司法公信力之构建》,载《江汉大学学报(社会科学版)》2010年第1期。

25.张文显、孙妍:《中国特色社会主义司法理论体系初论》,载《法治与社会发展》2012年第6期。

26.纪晓昕:《知识产权诉前禁令制度研究》,载《山东审判》2007年第3期。

27.姚颉靖:《知识产权诉前禁令制度的反思与重塑:以程序正义为视角》,载《甘肃行政学院学报》2007年第4期。

28.孙彩虹:《我国诉前禁令制度:问题与展开》,载《河北法学》2014年第8期。

29.胡充寒:《我国知识产权诉前禁令制度的现实考察及正当性构建》,载《法学》2011年第10期。

30.李晓郛:《公共利益冲突时美国联邦法院的司法实践——以专利案件的预先禁令为视角》,载《法治研究》2013年第9期。

31.邓志松:《基于互联网行业对反不正当竞争案件损害赔偿计算的若干建议》,载《电子知识产权》2013年第11期。

32.范敦强、叶勇:《商誉的反不正当竞争法保护》,载《知识产权》2013年第3期。

33.黄勇:《反垄断法上的损害赔偿及其计算初论》,载《中国社会科学院研究生院学报》2009年第7期。

34.曲凌刚:《互联网行业不正当竞争案件审理研究》,载《现代电信科技》2014年第11期。

35.王利明:《惩罚性赔偿研究》,载《中国社会科学》2000年第4期。

36.扶廷凤:《论不正当竞争行为及其法律责任》,载《牡丹江教育学院学报》2015年第4期。

37.张家勇、李霞:《论侵权损害赔偿额的酌定——基于不正当竞争侵权案件的考察》,载《华东政法大学学报》2013年第5期。

38.张钦坤:《中国互联网不正当竞争案件发展实证分析》,载《电子知识产权》2014年第10期。

39.谭俊:《不正当竞争对互联网行业的影响》,载《网络法律评论》2015年第2期。

40.祝建军:《审理网络不正当竞争案件的思路》,载《网络法律评论》2015年第2期。

41.王利明:《美国惩罚性赔偿制度研究》,载《比较法学研究》2005年第5期。

42.杨华权:《论爬虫协议对互联网竞争关系的影响》,载《知识产权》2014年第1期。

43.焦海涛:《不正当竞争行为认定中的实用主义批判》,载《中国法学》2017年第1期。

44.秦小建:《价值困境、核心价值与宪法价值共识》,载《法律科学》2014年第5期。

45.黄武双:《经济理性、商业道德与商业秘密保护》,载《电子知识产权》2009年第5期。

46.孟雁北:《论反不正当竞争立法对经营自主权行使的限制——以〈反不正当竞争法(修订草案送审稿)〉为研究样本》,载《中国政法大学学报》2017年第2期。

47.杨华权:《论一般消费者标准在反不正当竞争法中的构建与适用》,载《知识产权》2017年第1期。

48.杨东:《互联网金融的法律规制——基于信息工具的视角》,载《中国社会科学》2015年第4期。

49.石必胜:《网络不正当竞争纠纷裁判规则的激励分析》,载《电子知识产权》2014年第10期。

50.臧阿月:《竞争法视野下新型互联网不正当竞争行为的规制——兼论新〈反不正当竞争法〉"互联网专条"》,载《吉林工商学院学报》2018年第4期。

51.田小军、朱莬:《新修订〈反不正当竞争法〉"互联网专条"评述》,载《电子知识产权》2018年第1期。

52.李阁霞:《互联网不正当竞争行为分析——兼评〈反不正当竞争法〉中"互联网不正当竞争行为"条》,载《知识产权》2018年第2期。

53.陶钧:《论反不正当竞争法在"互联网+"经济模式下适用的正当性分析》,载《竞争政策研究》2016年第5期。

54.马长山:《智能互联网时代的法律变革》,载《法学研究》2018年第4期。

55.左卫民:《迈向大数据法律研究》,载《法学研究》2018年第4期。

56.王红霞、尹玉涵:《互联网新型不正当竞争行为的司法认定——兼论新修〈反不正当竞争法〉的适用》,载《电子知识产权》2018年第11期。

57.孔祥俊:《论反不正当竞争的基本范式》,载《法学家》2018年第1期。

58.孔祥俊:《〈民法总则〉新视域下的反不正当竞争法》,载《比较法研究》2018年第3期。

59.叶明、陈耿华:《反不正当竞争法视野下商业道德认定的困局及破解》,载《西南政法大学学报》2017年第5期。

60.孔祥俊:《论反不正当竞争法的竞争法取向》,载《法学评论》2017年第5期。

61.孔祥俊：《论反不正当竞争法的新定位》，载《中外法学》2017年第3期。

62.李扬：《互联网领域新型不正当竞争行为类型化之困境及其法律适用》，载《知识产权》2017年第9期。

63.宋亚辉：《网络干扰行为的竞争法规制——"非公益必要不干扰原则"的检讨与修正》，载《法商研究》2017年第4期。

64.吴太轩：《互联网新型不正当竞争案件中的竞争关系认定研究》，载《经济法论坛》2017年第2期。

65.吴太轩、王思思：《互联网新型不正当竞争案件诉前禁令制度的适用研究——以162份司法文书为视角》，载《竞争政策研究》2017年第4期。

66.谢兰芳、黄细江：《互联网不正当竞争行为的认定理念》，载《知识产权》2018年第5期。

二、主要外文参考文献

1.Katz，Michael，Carl Shapiro，Network Externalities，Competition and Compatibility，*American Economic Review*，1985(2).

2.Nicholas，The Economics of Networks，*International Journal of Industrial Organization*，1996，14(6).

3.Mark Armstrong，*Competition in Two-sided Markets*，London：Mimeo University College，2005.

4.David S. Evans，The Antitrust Economics of Multi-sided Platform Market，20 Yale Journal on Regulation，2003.

5.Rochet J. & Tirole J.，Two-sided Markets：A Progress Report，*The RAND Journal of Economics*，2006，(3).

6.Keith Poole，Entrepreneurs and Path Dependence，http：// voteview. com/entrepd.htm.

7.Mattes，C.And D.Regime，Standardization in Multi-Component Industries，Indirected by H.Landis Gabel，*Product Standardization and Competitive Strategy*，Amsterdam：North-Holland，1987.

8.Andrew Saluke，Ad-Blocking Software as Third-Party Tortious Interference with Advertising Contracts，7 *Fla.St.U.Bus.Rev.*87(2008).

9.BGH，Urteil v. 24.06.2004，Az.I ZR 26/02.

10. Hagiu，Andrei and Bruno Jullien，Why Do Intermediaries Divert

Search?,*RAND Journal of Economics*,2011(42).

    11.Civil Procedure Rules in UK(the 39th update),http://www.dca.gov.uk/civil/procrulesOfin/menus/rules.htm.

    12.Federal Rules of Evidence,http://judiciary.house.gov/media/pdfs/printers/108th/evid2004.pdf ♯ search ＝％ 22federal％ 20rules％ 20of％ 20evidence％22.

    13.Manual for Complex Litigation,4th,§ 23.22,http://www.fjc.gov/public/home.nsf/pages/470.

    14.Abbott Laboratories v.Mead Johnson&Company,971 F.2d 6(7th Cir. 1992).

    15.George Yijun Tian,Competition Law and IP Abuse Prevention in Australia:a Comparative Study,*W.I.P.O.J.*,2011(2).

    16.Chen,Yongmin and Chuan He,Paid Placement:Advertising and Search on the Internet,*Economic Journal*,2011(121).

    17.Reto M.Hilty,The Law against Unfair Competition and Its Interfaces,In Reto M.Hilty,Frauke Henning-Bodewig eds,*Law against Unfair Competition*,Berlin Heidelberg:Springer,2007.

    18.Roberto Roson,Two-sided Market:A Tentative Survey,4 *Review Network Econ.*,2005.

后　记

本书能够顺利出版,首先非常感谢司法部的大力支持。本书作为 2014 年度司法部部级科研项目"互联网新型不正当竞争行为司法规制的实证研究"的最终成果,在 2016 年完成研究报告并顺利通过了各位专家的评审与司法部的验收。但是,2017 年我国《反不正当竞争法》修改,增加了专门规制互联网新型不正当竞争行为的"互联网专条",而且《反不正当竞争法》的一般条款也作了局部修改,致使课题报告有一些内容与建议存在过时现象。为了尽量体现研究的实效性,课题组又补充收集、分析新案例,查找新资料,并结合最新立法规定对相关建议进行了调整。

其次,本书能够顺利出版还要衷心感谢厦门大学出版社的李宁老师。李宁老师态度严谨,为人温和,为了书稿能够及时顺利出版,一直在努力协调、沟通。其严谨、认真、积极的工作作风值得我们学习!

最后,非常感谢参与课题调研、资料分析、文字校对等工作的陈耿华、朱静洁、郭保生、闫静、郭江兰、刘阳、朱建海、谭羽、谭和、李鑫、石晗晗等同志。正是由于你们的帮助与付出,书稿才能按时完成,顺利交付出版。

当然,随着互联网经济的快速发展,互联网新型不正当竞争行为可能会出现新的类型,呈现新的样态,这些将会对司法机关的工作发起更多挑战。因此,课题组将持续关注互联网新型不正当竞争案件的司法规制,以期为我国互联网经济的健康发展与网络强国战略的实现贡计献策。

图书在版编目(CIP)数据

互联网新型不正当竞争行为司法规制的实证研究/叶明,吴太轩著.—厦门:厦门大学出版社,2019.11

(西南政法大学经济法学系列/李昌麒主编)

ISBN 978-7-5615-7566-6

Ⅰ.①互… Ⅱ.①叶…②吴… Ⅲ.①互联网络—应用—反不正当竞争—经济法—研究—中国 Ⅳ.①D922.294.4-39

中国版本图书馆 CIP 数据核字(2017)第 247558 号

出 版 人	郑文礼
责任编辑	李 宁

出版发行 厦门大学出版社

社 址	厦门市软件园二期望海路 39 号
邮政编码	361008
总 机	0592-2181111 0592-2181406(传真)
营销中心	0592-2184458 0592-2181365
网 址	http://www.xmupress.com
邮 箱	xmup@xmupress.com
印 刷	三明市华光印务有限公司

开本	720 mm×1 000 mm 1/16
印张	11.75
插页	2
字数	206 千字
版次	2019 年 11 月第 1 版
印次	2019 年 11 月第 1 次印刷
定价	78.00 元

厦门大学出版社
微信二维码

厦门大学出版社
微博二维码

本书如有印装质量问题请直接寄承印厂调换